金戈铁马气如虹
辛弃疾词传

锦熙————

著

远方出版社

图书在版编目（CIP）数据

金戈铁马气如虹：辛弃疾词传／锦熙著.—呼和浩特：远方出版社，2021.5
ISBN 978-7-5555-1376-6

Ⅰ.①金… Ⅱ.①锦… Ⅲ.①辛弃疾（1140-1207）
-传记②辛弃疾（1140-1207）-宋词-诗歌欣赏 Ⅳ.
①K825.6②I207.23

中国版本图书馆 CIP 数据核字（2021）第 098841 号

金戈铁马气如虹：辛弃疾词传

JINGE-TIEMA QI RU HONG XIN QIJI CIZHUAN

著　　者	锦　熙	
责任编辑	董美鲜	
责任校对	心　妍	
封面设计	VIOLET	
版式设计	赵艳霞	
出版发行	远方出版社	
社　　址	呼和浩特市乌兰察布东路 666 号	邮编：010010
电　　话	（0471）2236473 总编室　2236460 发行部	
经　　销	新华书店	
印　　刷	天津中印联印务有限公司	
开　　本	145mm×210mm　1/32	
字　　数	188 千	
印　　张	7.5	
版　　次	2021 年 5 月第 1 版	
印　　次	2021 年 5 月第 1 次印刷	
印　　数	1—5000 册	
标准书号	ISBN 978-7-5555-1376-6	
定　　价	42.00 元	

序　言

从金戈铁马到灯火阑珊

"一世之豪。以气节自负,以功业自许。"

（《稼轩词甲乙集》）

"壮声英概,懦士为之兴起,圣天子一见三叹息。"

（洪迈《稼轩记》）

"君子观弃疾之事,不可谓宋无人矣,特患高宗不能驾驭之耳。使其得周宣王、汉光武,其功业悉止是哉!"

（康熙《御批通鉴纲目》）

"眼光有稜,足以照映一世之豪;背胛有负,足以荷载四国之重。出其毫末,翻然震动。不知须臾之既斑,庶几胆力之无恐。呼而来,麾而去,无所逃天地之间;挠弗浊,澄弗清,岂自为将相之种? 故曰:真鼠枉用,真虎可以不用而用也者,所以为天宠也。"

（陈亮《辛稼轩画像赞》）

他文如金戈,笔扫千军,是开一代词风的伟大词人;他意气风发,高举起义大旗,抗击金人;他横刀立马,仅带寥寥数人深入敌营生擒叛将;他生性刚烈,桀骜不驯,不与世俗污吏同流;他爱民如子,深得百姓拥护,成为戍守一方的遗世贤良;他一生以功业自夸,以气节自负,梦想笑驱锋镝,抗金复国;他胸有韬略,上马能擒贼征战,下马能风雅作词。他就是辛弃疾。

当汴京的"靖康之变"陡然刺在北宋的胸口时,时代出现了一个无法填补的缺口,一半人跌落深洞,殒了性命,另一半人站于裂口的崖上,摇摇欲坠。生于那个年代,辛弃疾似乎责无旁贷。然而,由北宋生根的腐朽和无能已经深深地刻在南宋的额头。整个时代的风气都与他格格不入,南宋的半壁江山已然无法支撑中原的天空。他为时局所困,无法施展自己的抱负,文学便成为他抒怀的手段,于是,他将毫笔权当刀剑,在宣纸上开疆拓土,肆意驰骋。

他的词作既有家国大爱,又有儿女情长;既有豪情万丈,又有柔肠百转;既有凌云之志,又有生活意趣。自此,人世间少了一位金戈铁马、勋业冲霄的勇士,多了一位傲古烁今、豪情万丈的词人。

清风吹开的史卷中留有他的赫赫大名,却永远欠他一场挥戈跃马的战斗。有人说,辛弃疾的一生,就是一个人与整个时局的对抗,尽管他最后败给了命运,却始终未改其志。

很难想象,一个人要有多么炽热的渴望,才会在漫长的一生中,将一腔心血都倾注在一件事上,不厌其烦地只做一个梦。辛弃疾从不隐藏自己的心意,他的梦想早已在人生的征途中蒸腾、弥漫,从他写过的每一个字、每一首词中喷薄而出,朝着人心最深处直逼进发,仿佛一团已涌动千万年的火凶猛地蹿入,烧得每个人的心都隐隐作痛。

"平生塞北江南,归来华发苍颜。"多么希望他在那个没有结局的梦里,踏马千里,重新走一遍塞北江南,观赏大好河山,而那时的故土早已归来。因为梦里的他,从未老去。

目 录

第九章 浮生若梦：归来华发苍颜

附　录　辛弃疾大事年表

第一章

离乱之世：但愿山河宽

"靖康之难"令繁华雅致的宋朝一夜之间变得黯淡无光、失魂萧索。多少北方遗民寄希望于南宋挥师北上，救己于水火之中，怎奈南宋"直把杭州作汴州"，沉浸在江南酥软的温柔乡里不能自拔。许多富有爱国情操的官员士子不满金国统治，希望尽快回到宋朝治下。这些人中便有辛弃疾的祖父辛赞，而辛弃疾正是在祖父的言传身教下，树立了坚决不为虏官的爱国信念。复国信念贯穿了他的一生。

战乱之殇

碧波因风蹙眉，远山为雪白头。有人感慨："天若有情，天将因宋而衰老；天若有恨，天将为宋而悲愤。"宋代自太祖开国，北宋历九帝，南宋亦历九帝，两宋相继各历一百六十年左右，堪称"平分秋色"。在中国漫长的历史长河中，宋朝的光芒比承接万国来朝的大唐更为闪耀，史学家陈寅恪曾感叹："华夏民族之文化，历数千载之演进，造极于赵宋之世。"但同时，它的落幕也最令人唏嘘。

那一年正是靖康元年（1126年），黑云压城城欲摧，处在风暴中心的开封四面楚歌。宋徽宗赵佶得知金兵分两路从山西、河北南下的消息后，惊慌失措地将皇位传给儿子赵桓，也就是宋钦宗。

皇帝软弱，百姓却不甘受辱。一时间，各地纷纷自发组建忠义民兵，誓死保卫家园，将进攻山西一路的金兵挡在半路；东路金兵则长驱直入，攻到开封城下。虽然情势万分危急，但只要宋军坚城固守，争取时间，孤军深入的金兵必然不敢久耗。而刚刚被推上皇位的赵桓显然未辨明情势，尽管他也听说了各地民兵奋勇抵抗金兵的消息，但是他一方面期盼金兵在遭遇各地民众的抵抗后撤退，以解目前困境；另一方面又惧怕这些抵抗金兵的民间力量日益壮大，威胁到自己的统治。于是，他派人密送一封信给正在相州（今河南省安阳市）的九弟——康王赵构，任命赵构为河北兵马大元帅，统率河东、河北和各地的官军以及地方武装解开封之围。

然而，在生性懦弱方面，赵构与北宋赵姓皇族相比有过之而无不及。他被任命为河北兵马大元帅后，并没有承担起阻击外来侵略者的领导责任，反而避开金兵转徙于黄河以北地区，直到后来金国彻底颠覆北宋政权，他才在河南应天府（今河南省商丘市）登上皇位。

这年九月，西路金兵攻陷了太原。同年冬天，东西两路金兵同时南下，攻破开封，扣押了北宋的新旧皇帝、皇亲贵族及朝廷大臣，并大肆搜刮各个府库及官户民户，掳走无数金银布帛。

宋太祖赵匡胤曾大放豪言："卧榻之侧岂容他人酣睡！"谁曾想后来继位的徽宗赵佶是个昏聩无能的道君皇帝，钦宗赵桓则谋计不明、举棋不定，以致宋朝的大好河山被金军的铁骑践踏。

至此，狼烟弥漫下的北宋如同倾颓的大厦一般，随着徽宗、钦宗两位皇帝及皇室大臣千余人被掳走而坍塌，中国历史上极为惨烈和屈辱的一幕就此定格。按帝王年号纪年，北宋亡于靖康二年（1127年），史称"靖康之难"。南宋大将岳飞在《满江红》下阕中写道："靖康耻，犹未雪，臣子恨，何时灭！"可见，这一国难对后世造成了难以愈合的创伤。

当时逃往南方的赵构，已然不顾黄河以北的疆土和百姓，带着新朝廷的官员在应天府建立了南京政权，后定都杭州。为表示不忘国耻，他将杭州认定为临时都城，故又改名"临安"。这里纵有鲜花着锦之盛，实不过权宜而已。

南宋初立时，群臣皆议应以建康（今江苏省南京市）为都，以显匡复中原之图。然而赵构无意北伐，但迫于舆论压力，他决定以建康为行都，后改为留都，表示国家还有一个预备都城，表达自己收复故土的决心。

偏安一隅、苟且偷安的南宋王朝放弃黄河以北的疆土，这一让步并没有满足金人的野心，也必然躲不过风雨飘摇的乱世。离乱的年代，战火的硝烟时刻在空中盘旋，黑暗亦在地下蠢蠢欲动，伺机而出，将这个世界吸入无边无际的暗夜。暖阳下难寻一处可安居的地方，失去家园的百姓惊慌不安、衣衫褴褛地流落街头。

谁也不愿相信，从灭国之祸中仓皇逃出的宋王朝似乎已经淡忘了当初的狼狈，无视尚在江北望眼欲穿、翘首以待的子民，也封藏了深入骨髓的民族仇恨和屈辱。南宋诗人林升的《题临安邸》痛笔直书："山外青山楼外楼，西湖歌舞几时休？暖风熏得游人醉，直把杭州作汴州。"南宋统治者另觅了一处温柔富贵乡，遮掩耳目，继续醉生梦死。

幸而南宋还有人醒着，赤子之心向来无惧。软弱如南宋，也因他们而拥有了久违的气节和风骨。

三十功名尘与土，八千里路云和月。莫等闲、白了少年头，空悲切。

（岳飞《满江红》）

金人曾道"撼山易，撼岳家军难"，为守住南宋的半壁山河，岳飞视功名利禄为浮尘，只为紧守边关，守住百姓的栖身之所。

人生自古谁无死，留取丹心照汗青！

（文天祥《过零丁洋》）

面对元军的铁骑，时人都仓皇失措，南宋统治者也选择投降，双方实力悬殊，胜负一目了然。在这样虎羊相拼的时刻，文天祥不屈不挠，组建义军奋起抗元。被俘后，他面对威逼利诱，铁骨铮铮，不易气节，以死明志。

> 胡未灭，鬓先秋，泪空流。此生谁料，心在天山，身老沧洲。
>
> （陆游《诉衷情·当年万里觅封侯》）

一句"家祭无忘告乃翁"，将陆游的爱国之情淋漓尽致地显现出来。他无力扭转乾坤，但宁折不弯的傲骨令人油然敬佩。岁月流逝，人已迟暮，但其悲壮情怀仍如皓月当空照古今。

> 醉里挑灯看剑，梦回吹角连营。八百里分麾下炙，五十弦翻塞外声，沙场秋点兵。
>
> 马作的卢飞快，弓如霹雳弦惊。了却君王天下事，赢得生前身后名。可怜白发生！
>
> （辛弃疾《破阵子·为陈同甫赋壮词以寄之》）

然而，辛弃疾却上马为将，下马执笔为剑。乱世出英雄，但时势并未成全他英雄的归宿。在浩如烟海的历史长河中，他慨然而歌，格局之外别有洞天。天纵豪情，跃马挥洒，他如此而来，让素遭诟病的南宋文坛终于显示出独特的豪情傲骨。

虏官志难酬

山东，"本周公之旧治，齐鲁之要冲，陶陶礼治万古长灯"。济南城秉承着自春秋而来的人文气质，沁润着七十二名泉的自然景观，趵突泉的灵净和喷薄更增添了这一方圣土的独秀。然而，当金兵的铁骑踏破繁华，半壁江山遍野哀鸿后，钟灵毓秀的济南城便被蒙上了一层戚怨的灰尘。

在济南城郊，有个地方名叫四风闸（今济南市历城区）。传说四风闸原名四横闸，是历城小清河上一处重要的闸口。时至今日，这条小清河依旧从村北静默缓慢地流过。辛弃疾便出生于此。

辛家的始祖辛维叶在唐代曾任大理寺评事，后由陕西狄道（今甘肃省定西市临洮县）迁至济南；高祖辛师占，曾任儒林郎；曾祖父辛寂，曾任滨州司户参军。辛家世代传承了良好的品学风气。辛弃疾的祖父辛赞在"靖康之耻"发生时已在科场中考取功名，并担任官职。"靖康之耻"次年，赵构任命刘豫为济南知府，结果刘豫到任后立刻接受金人的条件，杀害守将关胜，继而投降。济南城里的百姓纷纷出逃。辛氏族中人口众多，携家南迁绝非易事，顾虑重重的辛赞不得不滞留济南，静观其变。"穷则独善其身，达则兼济天下"，选择了归隐山林的辛赞每日处理家族事务，悉心教导子孙习武强身，生活倒也恬淡自在。可惜时势弄人，这样宁静的日子并没有维持太久。

起源于白山黑水的金人本以捕鱼狩猎为生，直到灭掉辽国和北宋，南下中原后才开始接触农耕文明。习惯放牧生活的金人在管理安土重迁的中原百姓时手足无措，加之所到之地的汉族人民不断起义反抗，金人不得不采取特别措施来维护统治。

绍兴三年（1133 年），金太宗完颜晟下令将大量金人从东北迁徙到中原生活，与汉人杂居，并担任百夫长、千夫长，以监督和统治汉人。这些迁徙来的金人对汉人极尽盘剥和压迫。他们作威作福，视汉人为牛马，逼迫汉人做佃农、打长工。

辛赞原本出身官宦之家，家境殷实，虽然遭遇变故失去了官职，但尚有家田租给他人以供生计。金人一来，他家的田地奴仆都被掳走，失去了生活来源的辛赞不得不寻求其他的生活出路。

当时，金国除了加强民间底层的控制外，也在努力平息百姓的怒火，收服民心，巩固对中原的统治。这就迫切需要一批经验丰富、能力出众的汉族官员，尤其对北宋旧吏重新出仕更是求之不得。所以，当忍辱含垢的辛赞在重重压力下表示愿意为金国效力时，立刻受到金国的欢迎，先后被委以谯县（今安徽省亳州市）、开封等地的守令。

然"士"之所以为"士"，固有其坚贞的品格和风骨。即便无奈成为"虏官"，对故国的眷恋仍萦绕在辛赞心中，他期盼着南宋有朝一日能够雪耻复兴，重振大宋河山，洗刷自己不得不出仕金国的耻辱。在公务之余，他总会带着族人后辈登高望远，给他们讲述前朝故事，让他们时刻怀揣爱国之心，不忘耻辱，牢记自己的身份渊源。他以自己的方式表达着对故国的眷恋和爱国者的民族大义。

身为"虏官"的日子屈辱而晦暗，每一天都显得格外漫长。直到绍兴十年（1140年）五月十一日，辛弃疾出生，新生命的降临冲淡了离乱的世道和时局给辛赞带来的忧虑，使他感受到久违的欢愉和希望，一直笼罩在辛家人心头的阴云似乎也渐渐散开了。

辛赞给刚出生的孙儿取名"辛弃疾"，"弃疾"的意思就是"去病"。西汉名将霍去病以弱冠之龄多次率兵征战匈奴，令敌人闻风丧胆。他收复河西走廊，占领祁连山，还深入漠北，进军两千多公里，直逼今俄罗斯贝加尔湖，令匈奴从此远遁，不敢觊觎中原。一句"匈奴未灭，何以家为"更是流传千古，成为无数热血男儿的座右铭。辛赞对孙儿寄予厚望，希望他日后也能成为霍去病那样的英雄，拯救黎民百姓于水火之中，有朝一日驱除"鞑虏"，光复大宋河山。家族的使命就这样落在了辛弃疾的肩上，祖父为他设定好的蓝图，就等他坚定地走下去。

辛弃疾没有辜负祖父的期望，从小就长得虎头虎脑、结实健壮，眉宇间显露青色之气，异常凌厉，尤其是他的背胛"似青兕"，肌肉厚实、健而有力。

辛弃疾的父亲辛文郁，人如其名，与辛家世代习武的家风有别，外表文弱，总是显得郁郁寡欢。他天赋平平，靠后天以勤补拙，这让辛赞颇为失意。所以，辛弃疾的出生也让辛文郁颇感轻松，除了传统意义上后继有人外，更有特别的期待，他希望儿子能够出类拔萃，成为自己父亲期望的样子，日后建功立业，一雪国耻。想到这里，辛文郁倒有些释然了。

辛弃疾还小的时候，辛文郁就总是躺在床上，房间里散发出浓浓的汤药味，无法陪伴儿子去探索这个新奇的世界。也许正是因为这种明显的疏离，辛弃疾对父亲的印象并不深刻，反倒是祖父高大健硕的身躯在他心里留下了深刻的印象，祖父更像一棵粗壮茂盛的大树为他遮风挡雨。

辛弃疾三岁时，辛文郁因病去世。或许他隐约能够感知那几日辛家的悲伤和恸哭源自哪里，或许他也能觉察到自己的生命中自此缺失了什么，但年仅三岁的他又如何能真正体会和理解死亡为何物。

此后，辛赞担负起教养孙子的义务。从清晨的第一缕阳光到日落的晚霞，从一顿鲜香的饭菜到合适的衣服，从识字读书到习武强身……辛赞对辛弃疾要求严格，辛弃疾也学得很认真。书声琅琅与舞剑霍霍充实了他的童年时光，也让他渐渐知晓人情冷暖，他的生命中开始显露微光。

少年英俊

绍兴十二年（1142 年），秦桧被加封为魏国公，主持南宋朝廷大局。他擅用手中的权柄，对外向金国派遣使者求和，对内则大肆镇压百姓起义。更滑稽的是，宋高宗赵构居然以金国赐给自己"大宋皇帝"封号而沾沾自喜。偏安一隅的恣意让南宋统治者甘心咽下金国酿制的苦酒，甚至沉醉其中，偷安旦夕。

这一年，抗金名将岳飞冤死在风波亭，"十年之功，废于一旦！所得诸郡，一朝全休！社稷江山，难以中兴！乾坤世界，无由再复"。岳飞一语成谶。得知此事的金兵大肆庆祝，此后再也不必担心"撼岳家军难"。南宋如此晦暗的时局让无数有志之士心灰意冷、满腹屈辱，空有一腔报国热血却无处搏杀；也有一部分人像辛赞那样，将屈辱暂且掩埋，以待假以时日厚积薄发。

此时的辛赞已届天命之年，乱世熬煮的苦难尚不足以让他心灰意冷，何况他胸中有团火从未熄灭，就像当年的越王勾践甘愿喂马、守墓，只待一举灭吴，一雪前耻。辛赞笃定会有那么一天，金兵被彻底驱逐出境，宋军将收复大好河山。而这一切信心都源自家门后继有人。

辛赞经常给辛弃疾讲述家国的不幸。一老一小无惧风雷，在金国之地奔走，指画山河，以期日后能报国破之仇。据《稼轩先生年谱》记载，因辛赞迁任开封府，辛弃疾曾随祖父到过河南开封。这次经历给辛弃疾留下了极为深刻的印象。

在战国时期，开封就是名动天下的中原名城。此后，历经五代的梁、唐、晋、汉、周，至太祖皇帝赵匡胤黄袍加身，开封是名副其实的六朝古都。城中街道整齐有序，三条宽阔的御街呈"丁"字形在皇城以南分别朝向东、南和西。城外流淌着汴河、金水河、五丈河、蔡河。在这些河流之上，共有三十余座桥梁，其中州桥的桥身皆为石头所制，非常有名。开封一度拥有上百万人口，终年街道车水马龙，人声鼎沸，是当时最繁华的城市。

对辛赞而言，开封是个令他心里五味杂陈的地方。这里本是北宋都城，如今却变成金地。亲历了时局突变的他，一边对辛弃疾讲述开封曾经的辉煌，一边在心底默默流泪。曾经繁华如斯的开封城，如今只落得半城断壁残垣、萧索凄凉。小小的辛弃疾攀在马车的车窗上看着清冷的街道、零落的行人以及衣衫褴褛的百姓无精打采地茫然而行。对比祖父刚刚描述的开封，眼前的萧索场面让他感到无比震撼。

马车继续向北而行，过了陈州门便是北宋当年的离宫。辛弃疾跟着祖父下车，步履沉重地走进安禄山叛唐后大摆盛宴的凝碧池。碧绿的池水依旧，但池边的树木因长期无人打理，地上满是残花败叶。静立在池边的亭台楼阁也破败不堪，无处落座。

目睹此景，辛赞强忍悲痛，指着身旁的一株株树木对辛弃疾说："这是当年皇上最喜欢的红木犀，是宁波象山进贡的佳品，每逢深秋时节开放，香气四散，禁苑外的百姓也都被这馨香所吸引。如今物是人非，国家满目疮痍，令人心痛啊！"辛弃疾顺着祖父指的方向看去，只见红木犀就像冰封的雕塑一样，无言伫立，冷冷地看着世间的一切。他强忍着泪水，不自觉地往祖父身边靠了靠。也许是硝烟后的荒芜让人惆怅感伤，也许是今昔对比太过刺目，也许是眼前这黯淡失色的故土令他禁不住联想到从前的雍容繁华，若干年后，当这段记忆重又涌上辛弃疾的心头时，他依旧能将当时的百感交集一点点还原：

赋红木犀。余儿时尝入京师禁中凝碧池，因书当时所见。

开元盛日，天上栽花，月殿桂影重重。十里芬芳，一枝金粟玲珑。管弦凝碧池上，记当时、风月愁侬。翠华远，但江南草木，烟锁深宫。

只为天姿冷淡，被西风酝酿，彻骨香浓。枉学丹蕉，叶展偷染妖红。道人取次装束，是自家、香底家风。又怕是，为凄凉、长在醉中。

（辛弃疾《声声慢》）

转眼辛弃疾已经到了接受教育的年纪，恰逢辛赞被派到谯县任职。说起谯县，那是一个充满传奇色彩的地方。东汉末年天下大乱，"一代枭雄"曹操及其文臣武将由此出山，最后成就了"一匡天下"的霸业。一条名为涡河的淮河支流从谯县穿城而过，涡河的北岸柳树成荫，波光粼粼，正是修身养性、学习悟道的好去处。辛赞多年的好友、名重一时的儒士刘瞻就住在这里。

来到谯县后，辛赞带着辛弃疾去拜访刘瞻，并正式让孙儿受学于他。辛弃疾的原字"坦夫"便出自刘瞻，寓意一生好运，仕途顺利；直到后来，辛弃疾南渡归宋，才改为"幼安"。

在刘瞻的教导下，辛弃疾开始接受蒙学教育。蒙学教育以儒学为主，通常上午学习经史子集，熟读四书五经、诸子文章和《孙子兵法》《史记》《汉书》，尤其是北宋司马光的《资治通鉴》等；下午则专修作诗填词。熟读经史谓之"能"，用于经邦济世，为日后出仕报效君王打基础；作诗填词谓之"艺"，用来展示个人的才华和魅力。聪颖的少年潜心求学，如饥似渴，进步极快。

刘瞻在授课时并不局限于书本知识，更看重对辛弃疾的全面启发。比如解说《诗经·国风》时，他会结合当时的民风民俗追溯古时的政治历史，其旁征博引、深入浅出的讲解让辛弃疾受益良多。

辛家是武术世家，"家本秦人真将种"，因此，辛弃疾在接受蒙学教育、学习诗词歌赋的同时，自然少不了武艺搏击，文武二者相比，他对习武更感兴趣，有志像唐代杨炯那样，"宁为百夫长，胜作一书生"。辛赞将家族的希望全都寄托在孙儿身上，教起来也格外用心，加上辛弃疾习武天赋极佳，几年过去，他已是十八般武艺样样精通。

在此期间，辛弃疾结识了在他生命中留下痕迹的第一个朋友——党怀英。党怀英比辛弃疾年长六岁，也是名门之后，先祖党进在北宋曾任太尉；父亲党纯睦以从侍郎进入仕途，后升至泰安军录事参军，不幸在职身故，此后一家人就在泰安定居下来。泰安与历城以东岳泰山为界，相隔很近，所以辛弃疾和党怀英可以算作同乡。两人都师从刘瞻，又都喜诗词，富文采，很快成为好朋友。求学期间，因为他们过从甚密，同学们戏称他们为"辛党"。刘瞻也很喜欢这两个学生，有时特意留一些诗赋的"空白"让他们一起研究、探讨，经过彼此思想的碰撞和交流，加深印象。

与如兄似友的党怀英相处，辛弃疾受益良多。他的心境和思想在不知不觉中变得更加理性和成熟，避开了本该在他这个年纪出现的少年冲动和暴躁，少了几分急功近利的冒失，而多了一些稳重和深沉。

后来，刘瞻携家北上，到金国都城燕京（今北京）参加科举考试，并一举高中，被任命为史馆编修，专心编写历史、赋诗作词，不问政事。辛弃疾与党怀英的私塾生活也就此结束，两人各奔前程。党怀英一度为家世所累，应举不得意，放浪山水之间，生活贫困潦倒。直到乾道六年（1170年），他才终于在金国高中进士，之后在官场大展身手，不仅身居高位，而且在文学、书法、史学上也颇有建树，成为当时的文坛名家。《金史》评党怀英"能属文，工篆籀，当时称为第一，学者宗之"。

博学可亲的师长、意气相投的同窗、碧波萦绕的亳州美景，都成为辛弃疾年少时光中的一抹亮色。不久，他跟随祖父开始了新的征途。本该享受无忧无虑少年时光的辛弃疾，却因生逢乱世而过早背起家族的希冀，承受时代的创伤，这也许就是他的宿命。

两赴燕京

　　绍兴十八年（1148 年），金国为了巩固自己的统治，稳定汉族士子，决定效仿宋朝的科举制度，设立乡试、府试、会试、殿试，层层选拔优秀人才，授予官职。而中原的读书人为求生计，也不得不渐渐屈从于金国，参加科举考试，博取功名。辛弃疾亦是如此，他清楚地知道：要想拯救生活在水火之中的百姓，要想日后有所建树，就必须从政，以便惠及更多民众。在刘瞻和祖父的鼓励和支持下，他迈进了乡试贡院的大门。后来回忆起自己第一次参加科举考试的经历，辛弃疾笃定地说，虽然当年他只有十四岁，但丝毫没有感觉到紧张或者害怕，反而有种"初生牛犊不怕虎"的冲劲和自信。

　　果然，五个月后，辛弃疾顺利进入会试。会试的地点远在燕京，辛弃疾和祖父都非常珍惜这次机会，因为除了考试，他们还有一件更重要的事情——借此机会深入河朔之地，深入女真的政治中心，勘探燕京地形及军事部署，窥察金人的政治形势。辛赞还特意嘱咐辛弃疾一些需要格外留心的地方，希望他充分利用这次机会，不要白跑一趟。

在辛弃疾看来，自己此次北上赶考的际遇，与三国时期的关羽有相似之处。关羽当年身在曹营心在汉，纵然曹操许以豪华庭院、佳人美酒、战袍宝马，却从未使心中的道义大旗倾斜半分。他即便暂时归顺曹操，也只是降汉不降曹，是日后归汉的权宜之计。因此与昔日的分离不同，辛弃疾这次北上没有难舍的悲苦，也没有孤独漂泊的惆怅。当辛弃疾挥手告别祖父时，竟从祖父的眼里看到了光亮，那光亮是对孙儿的希望和信心，这让他更有底气前行。

一路向北，不论是广袤天际中灰暗蒙尘的山水，还是身处水深火热中的北宋遗民，都使辛弃疾的胸口隐隐作痛。他在途中看到的、听到的、感受到的，都在残酷地啃噬他的内心。他深知忍辱负重这条路漫长而坎坷。尽管亡国之痛从来都不是一个人的沉重，但对于他来说，这份沉痛不仅源自上一辈的孱弱和平庸，更隐含着祖父的殷殷寄托。豪情与悲壮无声地汇入了他的血液，他知道自己将与这暗淡的河山难解难分。

按照祖父的嘱托，凡途经之处，辛弃疾都密切关注山川地势及官府仓库等的位置，以及当地百姓的生存状况。抵达燕京后，一路劳顿加上北方的独特气候使他疲惫不堪，不得不在驿站休息几日。他趁机将这一路的所见所闻进行整理，体力恢复后又开始在京城的大街小巷仔细探查。可以想象，在连日奔波、精疲力竭的情况下，他还要时刻保持警惕，对外藏匿本意，对于一个少年来说多么不易！

因为没有将精力放在备考上，而是在燕京城内四处游逛，了解当地地理风物、民俗风情，所以辛弃疾榜上无名也就不难理解了。不过，这样的结果早在他的预料之中，故而没有丝毫沮丧，更何况他已经完成了此行最重要的任务，基本摸清了燕京的基本构建及民情。放榜次日，他便坦然地踏上归途，一路上用心整理记录自己的所见所得。回到家后，当他将燕京之行的笔记交给祖父时，辛赞如同捧着珍宝一般，情不自禁地流下了热泪。

当天晚上，祖孙俩彻夜未眠，相向而坐，一同研究辛弃疾路上了解到的所有信息。此时南部形势仍不明朗，各地起义此起彼伏，朝中大权被秦桧独揽，若贸然投奔南宋必然不妥。而金国尚未站稳脚跟，新都的建设也在进行之中，还需要多加观察，蓄势待发。

值得一提的是，辛弃疾在燕京时还有幸拜谒了金国著名文人蔡松年。蔡松年曾官至右丞相，封卫国公。他诗词俱佳，尤其在词上有精深的造诣。他的词作清丽隽爽，乐府诗与吴激齐名，时称"蔡吴体"。金末有文学家评价他：百年以来，金国唯有蔡松年独步词坛。

词本源自里巷，在民间流传甚广，题材多涉及儿女情长。起初这种文学形式并没有引起清高的文人群体的重视，只是写诗间歇的取乐方式之一。因此，词又被称为"诗余"。到了北宋，文人们开始专门作词，后通过柳永、苏轼等名家的拓展，其表现的内容、题材和形式开始焕发生机，逐渐成为与诗比肩的重要文体。

当辛弃疾带着自己的诗词习作拜谒蔡松年时，蔡松年读后不禁喜出望外，甚至有些震惊，夸赞道："诗则未也，他日当以词名家。"遗憾的是，辛弃疾少年时期的诗词作品未能流传下来，但其南渡后的作品已经非常成熟，词作尤佳，当与蔡松年的指点有关。

时间不疾不徐地流逝，辛弃疾却清晰地感受到时不我待的紧迫。几年的时光将他淬炼得更加稳重、镇定。绍兴二十七年（1157 年），他再次北上，第二次参加金国科举。据相关史料记载，辛弃疾这一年亦未考中。和之前一样，他最重要的任务依然是查探金国情报，所以会试失利也就无关失望或沮丧了。

扬鞭转身，前方也许充满荆棘，但抛在身后的绝非归途。时间早已为他装点好行囊，虽然在某种意义上，他生不逢时，遭遇乱世，但这也正是英雄一展身手的大好时机。他早已在沉淀，等待迎接属于他的使命。只是，这样的一鸣惊人尚未来到，那个指引他方向、在身后默默支持他的祖父却倒下了。

　　那一年，辛弃疾正好二十岁，意气风发、热情满载。然而祖父的离世，令一向无所畏惧、豪气干云的他第一次感到惶恐。很难说是他选择了孤独，还是孤独跟随着他，在那条看不清远方却又无法回头的荆棘路上，他注定要独自前行。祖父的离去让他明白，那盏自幼由祖父点燃的理想明灯还未熄灭，尽管刚到弱冠之年，脚跟尚未站稳，横亘在他面前的道路充满未知的艰险，但他只把这些当作天降大任的考验，深知自己必须扛起辛氏一族的荣辱和责任。

　　正当辛弃疾因失去祖父而努力抚平伤痛、眺望未来、坚定信念之时，金国朝廷已经发生了变化。

第二章

揭竿而起：壮岁旌旗拥万夫

以宋高宗赵构为首的南宋朝廷为了平息战事、苟安江南，杀害岳飞，签订《绍兴和议》，置淮河以北的国土于不顾，使百姓们受到金国肆无忌惮的蹂躏。朝廷的无视、金国的压榨，迫使许多爱国志士揭竿而起，奋勇抵抗异族迫害。胸怀一腔热血的辛弃疾变卖家产，组织义军，加入到反抗者的洪流之中。这段戎马倥偬的岁月，成为他一生中最珍贵的宝藏。

挥羽扇，整纶巾

东南形胜，三吴都会，钱塘自古繁华。烟柳画桥，风帘翠幕，参差十万人家。云树绕堤沙，怒涛卷霜雪，天堑无涯。市列珠玑，户盈罗绮，竞豪奢。

重湖叠𪩘清嘉，有三秋桂子，十里荷花。羌管弄晴，菱歌泛夜，嬉嬉钓叟莲娃。千骑拥高牙，乘醉听箫鼓，吟赏烟霞。异日图将好景，归去凤池夸。

（柳永《望海潮》）

据南宋罗大经《鹤林玉露》所载，这首词是柳永拜谒老友、名臣孙何以求汲引的作品。这首词豪放大气，用词华丽考究，以直起直落的笔法将杭州的美丽、繁华和富庶描绘得入木三分，仿佛在人们面前展开了一幅风情万种又不失大气的江南画卷：烟柳画桥、云树堤沙、怒涛霜雪、三秋桂子、十里荷花，还有泛舟水面嬉戏歌舞的男男女女。后世有人评论这首词"气魄之宏大，声势之雄壮,可与苏东坡的豪放词一论高低"。据《鹤林玉露》记载,这首词在孙何的宴席上被朗诵后得到宾主的大力称赞,而后口耳相传竟流传到金国,金国皇帝完颜亮读了这首词后,欣然陶醉于杭州城内"三秋桂子,十里荷花"的美景,进而产生了"投鞭渡江"、侵吞南宋的野心。南宋诗人谢驿还据此作《杭州》一诗:"谁把杭州曲子讴,荷花十里桂三秋。那知卉木无情物,牵动长江万里愁。"

柳永万万没想到自己的一首慢词竟在一百多年后成为引发祸端的导火索,甚至改写了金国的政治版图。绍兴三十一年(1161年),完颜亮打破了金、宋以淮河为界的不成文约定,悍然出动六十万大军,挥师南下。此时宋高宗赵构依然幻想着议和,认为只要对金国的态度足够谦卑,金人就不会继续南下进犯。直到金人兵临城下,他才不得不勉强做出抵抗,匆忙派人部署兵马,并事先准备好船只,以备战败后逃往福建或四川。

金兵来势汹汹,没过多久就攻占了盱眙(今江苏省淮安市盱眙县)、扬州、和州(今安徽省和县),宋军被迫退守江南。正当金兵势如破竹之时,金国后院起火了。完颜亮性情暴虐,早已引得朝中皇亲、大臣十分不满,皇室宗亲趁他亲率金兵南侵、后方空虚之际,拥立完颜雍在辽阳称帝,史称金世宗。一向自负的完颜亮得知消息后,并没有立刻回师讨伐,而是决定继续南下,待攻下南宋后再北上夺回帝位,他甚至发出"百日灭南宋"的狂言。然而他万万没有料到,看上去不堪一击的宋军却迎头给了他一记重拳。

在南宋的两淮防线完全崩溃后,金军继续饮马长江。完颜亮亲自率领二十万大军驻扎在长江北岸的和州,在这里督战练兵,窥视江东。从汉末三国时起,采石矶附近地区就是南北争夺的焦点,金国早期名将完颜宗弼①追击宋高宗赵构时的主要战役也与此地区有关。求胜心切的完颜亮决定效法北朝前辈，从采石矶过江。他甚至"体贴周到"地给南宋的刘贵妃准备了新的营帐和干净的被褥，谋划着将宋朝皇帝的妃嫔强行占为己有。

面对乌云压城，南宋朝廷委派虞允文到采石矶镇守，同时以"关西将军"李显忠换下畏敌如虎的淮西副帅王权。虞允文抵达采石矶后，发现宋军士气低落，纪律涣散。因李显忠迟迟未到，他便毅然担起道义，着手收集败军和宋军游勇，巩固长江防线，积极组织反击，很快就收服并聚拢了军心，使宋军士气大大提升。相比之下，金军前方将士听闻后方政变，无心作战，直接导致了双方形势的逆转。在渡江战役中，面对严阵以待、同仇敌忾的宋军，金兵惨败，史称"采石之战"。

舟次扬州，和杨济翁、周显先韵。

落日塞尘起，胡骑猎清秋。汉家组练十万，列舰耸高楼。谁道投鞭飞渡，忆昔鸣髇血污，风雨佛狸愁。季子正年少，匹马黑貂裘。

今老矣，搔白首，过扬州。倦游欲去江上，手种橘千头。二客东南名胜，万卷诗书事业，尝试与君谋。莫射南山虎，直觅富民侯。

(辛弃疾《水调歌头》)

这首词约作于淳熙五年（1178 年），当时辛弃疾被调任为湖北

---

① 完颜宗弼（？—1148）：又名兀术、斡出、晃斡出，女真族，金太祖完颜阿骨打第四子，金朝名将、开国功臣。天会六年（1128 年）七月，金太宗完颜晟下诏追击逃在扬州的宋高宗，完颜宗弼率本部随宗辅军南下。宗辅军自河北出发，完颜宗弼率部为先锋，一路所过州县，一击即破，或不战而降，一直打到长江北岸，占领江北重镇和州。之后他欲从采石矶渡江，在渡口遭到宋知太平州郭伟的阻击，一连三日均不得渡。

转运副使，溯江西行。他与友人杨炎正（即杨济翁）、周显先有词作往来唱和，此词即其一。词的上阕回忆了这场英勇浴血的征战和将士们酣畅淋漓的胜利。犹记得那年残阳如血，直直地落在漫天风尘中，金人南下的马蹄声如梦魇般在中原上空肆虐。宋朝十万大军严阵以待，舳舻千里，将金人渡江南下的贪欲截留在长江北岸。那一日，无数将士的热血染红了战场，远望天边的晚霞，此时也晕红了半边天……

宋朝太渴望这样一场胜利了！这次大捷不仅令军民士气大振，更让像辛弃疾一样被迫留在金国的宋朝百姓坚定了回归宋朝的决心。尽管金人的铁骑占据了这片土地，但深埋在内心深处的爱国之情始终火热，在失地求全苟活的人们一直在用自己的方式倾诉着对故土、对国家的眷恋和希冀。

采石矶大捷将举国上下的战斗激情推向了高潮，奋战在前线的士兵们恨不能用血肉之躯将金兵驱赶出故土家园。就连戍守边疆的士兵们也都摩拳擦掌，欲与金兵决一死战。面对宋军如此高涨的士气，完颜亮不得不收敛攻势，转而奔向瓜州。

绍兴三十一年（1161年）冬，完颜亮集中兵力，勒令将士们三日渡江南下，若行动不得，将处斩随军大臣。在金兵积怨已久、苦不堪言的情况下，这一严酷军令成了兵变的导火索。耶律元宜联合众人杀死完颜亮，然后率军北还。一场倾国之战以意想不到的结局落幕。

遗憾的是，宋高宗没有抓住这个机会乘胜追击，北上夺回失地，而是一心想在江南建立自己的政权。金国盘踞北方，其武力辐射范围已达到极限，上台后的完颜雍隐藏起骨子里的锐气，摆出停战、求和的低调姿态。因此，尽管南北双方军力对比依旧悬殊，但战后都陷入了衰退，从而在短时间内形成了休战、对峙的局面。

完颜亮南侵时，一路烧杀抢掠，所到之处百姓深受其苦。金国战败与兵变后，无暇顾及中原百姓，长期遭受压迫的契丹人和汉人终于迎来反抗的时机，各地涌现出多支抗金力量。其中影响最大的是活跃于东山（今山东省潍坊市昌邑市东）地区的一支农民起义军，号称天平军。这支队伍的首领名叫耿京，本是济南地区一个地道的农民，因不堪金国繁重的赋税，集结几位同乡在东山起义，开始武装抗金。起初因为人数有限，他们只能在山上打游击战。渐渐地，他们凭着敢闯敢拼的热血精神以及抗金复国的忠肝义胆，吸引了来自四面八方的义士，比如在蔡州（今河南省新蔡县）起事的贾瑞被耿京任命为总统领，成为天平军的二号人物；远在大名府（今河北省邯郸市大名县）的王友直也亲率数十万人马前来投奔；甚至连山东莱芜县的泰安军也被他们吸纳进来，成为主力军。

当民间的抗金运动如火如荼进行时，辛弃疾已然走到了人生的十字路口，如今时机来了：他要振臂高呼，他要起义出征，誓要让九州百姓重获安宁，让金国尽数归还大宋国土！这一年，辛弃疾二十二岁，文韬武略都胜人一筹。他变卖大部分家产，发动族众和附近贫困潦倒的农民，集结两千多人，毅然在济南南部山区举起抗金的大旗。

当然，两千人的队伍在抗金洪流中微不足道，根本无法与强悍的金兵正面对抗。起初他们只能在乡间活动，为当地百姓开仓放粮或安良除暴。这样的起义很难掀起大风浪，但牺牲却无法避免。目睹身边一个个鲜活的生命陨埋于黄土，辛弃疾既痛心又无奈。为国赴死虽无憾，却不能再有无谓的牺牲。他深刻体会到势单力孤的单打独斗难以有所作为，所以当他听闻耿京的天平军以及他们的英雄事迹后，立马率领自己的两千人马去投奔天平军。

少年鞍马尘

山东的郓州，当时也叫东平府，其西境濒临梁山泊，东境傍泰山之麓，是山东地区的军事要地之一。耿京领导的起义队伍日益壮大后，攻占了兖州和郓州，同时为了号召更多的人加入，他自称"天平节度使"，以此节制山东、河北的起义军马。辛弃疾带着队伍前来投奔时，耿京欣喜万分。他太需要像辛弃疾这样文武双全的人才了，尽管这一时期年轻的辛弃疾还没有机会在军事舞台上展现过人的才华。很快，辛弃疾被任命为军中的掌书记，掌管文书和帅印，全权负责军中的政务及机要记录。

这显然不符合辛弃疾阵前杀敌的抱负，但深明大义的他还是欣然接受了任命。与勇士在战场上浴血奋战相比，掌书记的职责和任务似乎轻松一些，但他丝毫没有放松。这一时期，他将征战沙场的满怀豪情暂时收起，以多年积累的雄才大略做底气，将军中事务安排得井井有条，为奋勇杀敌的前线兄弟免除后顾之忧。

在军中担任文官这一年，辛弃疾还做了一件事，令耿京及整个天平军对他刮目相看。事情是这样的：辛弃疾看到天平军的将士大都是底层农民，策略水平有限，便积极为耿京网罗人才。有个叫义端的和尚，早年与辛弃疾有过交往，如今也自发起义，组织了一支千余人的队伍。辛弃疾向耿京举荐了义端，说他通晓兵法，是个将才。耿京知道后喜出望外，便让辛弃疾去劝说义端共图抗金大计。

事不宜迟，辛弃疾立刻动身奔赴泰安。他来到义端营中，见义端率领的军队严整威武，不禁大为赞叹。一番寒暄过后，他向义端说明来意，特别强调耿京治军严明、实力雄厚，东平府日后必能发展壮大。义端听后，没有马上回答，他明白加入大部队可减少单打独斗的风险，但自己率领这一千余人的队伍前去投奔，是否能被接纳，是否能按原计划抗金作战？望着义端沉吟的表情，辛弃疾猜想他此刻定在做思想斗争。为了打消他的疑虑，辛弃疾接着说道："现在完颜亮已死，金国上层也趋于稳定。不久以后，金军一定会前来讨伐义军，到时凭这一千人马如何抵抗数倍的金军？"义端无言以对，最终答应跟随辛弃疾去投奔天平军。

有了辛弃疾、义端这样有勇有谋的人加入天平军，耿京如虎添翼，先后攻占了泰安、莱芜、东平，天平军一时间声名远播，百姓们纷纷拥戴归附。

正当天平军气势如虹之时，其内部矛盾也日渐显露出来。当时天平军的大部分人员出身农民，思想、行为等都与辛弃疾、义端等这些读书的士子不同。义端对耿京的出身心存不屑，他除了与辛弃疾有往来，跟其他起义军将领总是摩擦不断，时间一长嫌隙渐生。而与耿京一道起义的农民兄弟对包括辛弃疾在内的舞文弄墨的秀才们也很不信任，认为他们充满了酸腐气。久而久之，两者的矛盾渐渐变得不可调和。

没过多久，义端突然带人从义军营中叛逃，并且偷走了耿京的节度使大印。耿京对此十分恼火，因为义端是辛弃疾拉拢过来的，他们二人私交不错，而且大印是从辛弃疾处被偷，由此他认定辛弃疾与义端是里应外合，便下令斩杀辛弃疾，以正军法。面对耿京和天平军的怀疑，辛弃疾既没有求饶，也没有为自己争辩，而是坦然地对耿京说："请将军给我三日期限去追捕义端贼子，如果不能将他押回，辛某甘愿领罪。到时将军再处死辛某，也为时不晚。"事已至此，耿京只好同意。

辛弃疾断定义端偷取印信一定会投奔金军，于是快马加鞭朝着金营的方向紧追，果然在半路追上了义端。义端知道事情败露，慌忙命人阻击，辛弃疾眼疾手快，将堵截军兵劈于马下。抓住义端后，他难掩怒火，劈头质问道："义端小人，你为何盗取印信投靠金贼？"义端见大势已去，也不再狡辩，坦率地说："耿京实乃庸才莽夫，难成大事，天平军更是一帮乌合之众，非你我久留之地。不如趁此机会一起归顺金朝，谋个一官半职，后半生享受荣华富贵，岂不快哉？"从小立志要抗金复国的辛弃疾听到这里，冷眼看着义端，脸上露出轻蔑的笑容，说："你这卖国求荣、认贼作父的懦夫，今日我要替天行道！"义端深知辛弃疾武艺高强，见他怒发冲冠，自己根本无力抵抗，赶忙求饶："您是神兽转世，大人有大量，还望放我一条生路。"辛弃疾根本不理会，手起刀落将义端的首级砍下。这时，与义端一并出逃的军兵早已溃散奔逃、无影无踪，辛弃疾随即赶回天平军中复命。经此风波，军中将士无不钦佩辛弃疾单枪匹马的英勇，更对他的忠义心服口服。耿京也更加信任他，之后无论军中大小事宜都与辛弃疾商议，对他言听计从。

自绍兴十一年（1141 年）签订丧权辱国的《绍兴和议》①后，南宋朝廷在近二十年的时间里基本没有做过抗战准备，其国防、军力都在自我消磨中衰退。后来完颜亮率金兵大举南下，南宋不得不仓促应战，虽然最后因金军内讧而侥幸逃脱侵扰，却没有趁金国混乱之际，与黄河南北的起义民兵紧密配合，共图反攻大计。相比之下，金国在完颜雍称帝后，立刻着手"安定"中原和山东地区。据南宋史官章颖在《南渡十将传·魏胜》中记载，金国一方面颁布大赦令，"在山者为盗贼，下山者为良民"，企图借此分化山水寨中的起义军，使其从内部开始分裂；另一方面则紧锣密鼓地布置兵力对付各地反金的起义军。

耿京领导的起义军声势最大，自然成为金国的心腹大患，天平军一方面要应对金兵的镇压，一方面要帮助沦陷区的民众，独力难支，愈发疲于奔战。面对这种状况，辛弃疾向耿京分析形势，目前起义军已高达二十多万人，但战斗经验不足，武器装备落后，一旦遭遇金兵围剿将很难脱身，更不用说对抗了。因此，辛弃疾主张归附南宋，与南宋官军遥相配合；倘若在山东无法立足，可将队伍调往南宋辖境内，改编为南宋的正规军队。

听了辛弃疾的分析后，耿京当即表示赞同。于是，辛弃疾代为起草了一封章表，派人送给附近的义军首领张安国等人。待统一意见后，耿京便派军中元老贾瑞等前往南宋表明归顺诚意。贾瑞目不识丁，不了解商谈的礼节与规矩，担心自己到了南宋后，遭遇皇帝

---

① 《绍兴和议》是南宋与金国在绍兴十一年（1141 年）订立的和约。和约规定：宋向金称臣，金册封宋康王赵构为皇帝；划定疆界，东以淮河中流为界，西以大散关（今陕西省宝鸡市西南）为界，以南属宋，以北属金；宋每年向金纳贡银 25 万两、绢 25 万匹。该和议确定了宋金之间政治上的不平等关系，结束了长达十余年的战争状态，形成了南北对峙的局面。为了履行和议协定，这年除夕夜，赵构和秦桧以"莫须有"的罪名在临安杀害岳飞与其子岳云、部将张宪。

或宰相询问而不能作答的窘况，便向耿京提议再派一位文人随行。当时天平军中没有人比辛弃疾更有文才了，加之南归的提议就是辛弃疾提出的，最终决定以贾瑞为正使、辛弃疾为副使，带领十余名随从人员快马加鞭前往江南，晋谒宋高宗。

少年的壮志、两赴燕京的积淀、祖父未了的心愿，都被这一路向南的疾风吹起，辛弃疾抗金报国的志愿越发坚决。他们一行从北到南，不足半月就到了临安。辛弃疾内心兴奋不已，他已在脑海中描绘出义军南归、合力抗金的壮观图景。

横空直把，曹吞刘攫

在"采石之战"后，软弱的南宋终于换得继续偏安。临安成为京都，建康府（今江苏省南京市）成了北边门户，其雄山为城、长江为池，关系着整个江南的存亡。南宋将建康定为"陪都"，皇帝经常前去巡视。绍兴三十二年（1162 年）正月中旬，宋高宗到建康巡查长江防务，驻留此地。贾瑞、辛弃疾等人经楚州（今江苏省淮安市）抵达建康，不仅拜见了将相大臣，还被宋高宗"即日引见"。

贾瑞和辛弃疾见到宋高宗，面诵奏章，表明了要归附宋廷的意愿，并详细汇报了义军在山东地区的抗争情况。宋高宗得知有二十五万人的义军前来归附，龙颜大悦，当即表示要为天平军将领授予官职。耿京被任命为天平军节度使，知东平府，兼节制京东路①、河北路忠义军马；贾瑞补敦武郎、阁门祗候②；辛弃疾补从八品的承务

---

① 路，在当时不是行政区划，属于监察区，与今省级行政区近似。

② 敦武郎是武官，南宋时武官共分为五十三阶，敦武郎为四十三阶，且无实际职能。阁门祗候是武职中的清要之官，掌管礼仪。

郎，和敦武郎一样没有实际职能；其余人等也都大大小小封了官职。尽管这些授封大多名不副实，但对天平军来说仍值得庆祝，毕竟有了朝廷的认可，他们终于名正言顺了。日后倘若得到南宋的接应，率众南归，那么他们在南宋军中也能拥有一席之地。

朝廷专门委派了枢密院的两位官员前往耿京的军营。他俩一路畏畏缩缩，钻在队伍中间行走，好不容易到了海州（今江苏省连云港市海州区），便声称身体抱恙无法继续前行，要求耿京赶到海州行授命告节仪式。如此张狂无礼的做法，令辛弃疾和贾瑞既愤怒又无奈。幸好正在海州安排军事的京东招讨使李宝安排统制王世隆带领十余名骑兵一路跟随。与枢密院的官员不同，王世隆是一员武将，作战经验丰富，为人也很正直。辛弃疾和他十分投缘，一路上两人相谈甚欢。王世隆向辛弃疾讲述了自己上阵杀敌的经历，辛弃疾则告诉他自己两赴燕京赶考的所见所得。与志趣相投的人同行，使辛弃疾数日行程的劳顿疲乏也消弭了不少。当他们行至离东平府约二十里的地方，贾瑞派人先行赶往东平府通报。然而，那份裹藏在心中数日的喜悦还未来得及传告耿京和义军，一个噩耗便扑面而来——

为了缓和各地愈演愈烈的民众起义，完颜亮对中原和山东地区施行"安定"政策：义军只要愿意返乡耕种，便既往不咎；对于归降的义军将领则许以高官厚禄。本来就鱼龙混杂的义军受此蛊惑，开始人心涣散，很多人打算离营还乡，继续耕种土地；还有少数义军首领听到高官厚禄的许诺后也心动不已，急欲变节归顺，甚至邀功请赏。在贾瑞和辛弃疾奉表南下后，在归附南宋的章表上签下名章的张安国私下与金人勾结，伙同另一个变节将领邵进，合谋杀害耿京，叛变投敌。义军经此变故后大部分人员溃散，未溃散的一小部分则受张、邵等人煽动，归降了金人。随即，张安国被金国任命为济州（今山东省济宁市任城区）知州。

得知实情的辛弃疾义愤填膺，暗暗发誓要为耿京报仇雪恨。当时张安国所在的济州距海州六百里，大部分路程需经敌占区。而且济州是金国重镇，驻有重兵，即便他能一路顺利抵达济州，又如何以区区几十人对抗万千金兵呢？辛弃疾与众人商议此事时，明确表态说："我奉主帅耿京之命前往南宋上表归服之诚，不料中途生出变故，如果对此事忍气吞声，任其发展，辛某有何颜面向朝廷复命？"经与海州守将商讨，他和王世隆一起挑选出五十名精兵，连夜赶往济州。他们一路疾驰，避开金兵营哨，于次日中午顺利抵达济州。

当辛弃疾一行抵达张安国驻地时，只见营中歌舞升平，宴饮正酣。张安国正与几位金军将领交杯换盏，庆贺自己归顺金国，受赏获封。辛弃疾率兵径直闯入营帐，醉眼蒙眬的张安国还未来得及看清来者，便被奔驰而入的辛弃疾和王世隆提至马上。旁边的金将只觉得一阵急速的寒风袭来，转眼间张安国的座位上已空无一人。等到被酒精麻痹了神经的金将们反应过来高呼杀贼时，辛弃疾一行早已没了踪影。

因为耿京被杀前已被朝廷封为天平军节度使，属于朝廷命官，所以辛弃疾缉拿张安国后，并没有立刻将他处死，而是将他押送到建康，后又送往临安，并在那里审定了他变诈反复的罪状，由朝廷最终判决他斩首示众。

辛弃疾以五十骑潜入数万敌军中轻松擒获主帅，正如三国故事中关羽盛赞张飞"万军之中取上将首级如探囊取物"，在当时和后世都传为美谈。当时的大学问家、《容斋随笔》作者洪迈还专门为辛弃疾作《稼轩记》，不惜笔墨在《辛弃疾抱忠仗义》中称颂了他这段传奇经历：

> 齐虏巧负国，赤手领五十骑缚取于五万众中，如挟兔，束马衔枚，间关西奏淮，至通昼夜不粒食。壮声英概，懦士为之兴起！圣天子一见三叹息。

大意是说张安国背叛国家，辛弃疾赤手空拳率领五十名骑兵将他从五万敌军中捆绑回来，就像撬开岩石逮住狡兔一般轻巧。然后用布裹住马蹄，喂足草料后，辗转从淮西南下，一天一夜粒米未进。其声势雄壮慷慨，即使怯懦的人也备受鼓舞，天子知晓此事后也对他赞叹不已。

辛弃疾本人也为这段不俗的经历感到骄傲。多年后，当这份豪情壮志被时局消磨殆尽，他回忆起早年抗金杀虏的壮举，不由得感慨：

> 有客慨然谈功名，因追念少年时事，戏作。
> 壮岁旌旗拥万夫，锦襜突骑渡江初。燕兵夜娖银胡䩮，汉箭朝飞金仆姑。
> 追往事，叹今吾，春风不染白髭须。都将万字平戎策，换得东家种树书。

（辛弃疾《鹧鸪天》）

那一年的马上睥睨、杀伐决断，让辛弃疾感怀一生。从揭竿而起的一呼百应，到掌书记时的有勇有谋，及至擒获张安国时的豪气冲天，"追念景物无穷，叹少年胸襟，忒煞英雄"①，他穷尽一生最怀念的就是这段抗金经历。遗憾的是，南归后，他再也没能走上抗金第一线，余生寥寥，徒留唏嘘。这段回忆见证了他曾经义无反顾的青壮时光，照亮了后来每一个幽暗悲寂的时刻。

---

① 摘自辛弃疾《金菊对芙蓉·重阳》。

第三章

南归之初：众里寻他千百度

自北方南归后，满怀希望的辛弃疾企盼朝廷能委以重任，派他率兵出征、收复失地，然而造化弄人，南宋在"隆兴北伐"溃败后，一度坚守不出，以自保为要。即便辛弃疾与其他志士屡次进言金兵可退，并多方献计献策，朝廷仍甘愿屈身侍金，采取守势。失意怅惘的辛弃疾只能将上阵杀敌的愿望深埋心底，在地方官员的职位上尽忠职守，但他内心对金国践踏的故土失地始终无法释怀……

符离兵败

张安国被处决了，耿京的大仇终于得报，然而辛弃疾的心情还是久久无法平静，仍旧沉浸在那份豪情中。他将张安国的五万人马收归耿京原来的军队。这支失去主帅的军队虽然不复昔日的气势，但屡经考验后留存下来的士兵也淬炼出更加强大的斗志。辛弃疾率领这支士气高涨的队伍投奔宋朝，内心充满了骄傲和自豪。此时此刻，多年来一直萦绕在他心头的种种心酸和压抑终于得到释放，他可以告慰晚年盼归的祖父和逝去的耿京——这些只能在各地游击的起义军从此将成为真正的抗金力量之一，成为名正言顺的宋朝军队。

此时金国完颜雍继位，内部明争暗斗不断，无暇顾及外族，倘若南宋趁机反攻，势必能从金人手里夺回被掠走的城池，让饱受煎熬的大宋子民回归祖国。辛弃疾在捉拿张安国前就知晓金国送来了和议，并且南宋也答应了求和，但他认为这不过是朝廷的权宜之策，有朝一日朝廷一定会重整旗鼓，把失去的国土重新夺回来。他一想到这些就激动不已，摩拳擦掌随时听候朝廷指派，准备出征。然而，他并没有盼来能带着他驰骋沙场的战马，只等来一纸任命，他被宋高宗亲封为江阴军签判①。

对辛弃疾来说，官职并不重要，让他耿耿于怀的是这道敕令像一堵墙阻断了他为国作战的斗志，他还没有机会展示"男儿何不带吴钩"的气概，刚刚升腾起来的复国希望转而冷却，但信念仍在他心中日夜翻滚，让他饱受煎熬。接到圣谕后，他不得不卸下战甲，启程前往吴侬软语的江阴。

从临安到江阴，一路上风景宜人，但心不甘情不愿的辛弃疾毫无驻足欣赏的心情，他脑海里时常闪现自己二十岁率众起义后的种种画面，他情愿把自己献给沙场，一生与金戈铁马相伴。可惜造化弄人，他空有一身胆略和武艺，却无处施展。越靠近江阴，他的心情就越惆怅。二十四岁正是人生至盛的年华，他本该用热血浇筑这段岁月，让青春之火烧得更旺、更壮烈。怎奈前方只有沉寂，可想他心中是多么无奈、惆怅，甚至沮丧！

不过，辛弃疾及时止住了自己沮丧的情绪，接受新职务。内心强烈的责任感和当地百姓的信任都给了他很大的鼓励，所以即便心怀愁绪，他仍要鞭策自己在新职位上大干一番。但世事难料，谁也不曾想到这期间临安发生的那件大事。

绍兴三十二年（1162年）夏天，稳坐皇位三十六年的宋高宗厌倦了动荡不安的时局，决定退位，将皇位传给过继的儿子、宋太祖赵匡胤七世孙赵昚，即宋孝宗。从此，宋朝的帝位又回到了太祖赵匡胤一系。赵昚是一位渴求建功立业、有所作为的皇帝。他出生时恰逢"靖康之难"，即位后他不愿在宋金关系中一味委曲求全，故而

---

① 江阴军的治所在今江苏省江阴市，军是宋代特有的行政区划，大致与州、府同一级别，相当于今天的地级市。与州相比，军的管辖区域稍小，级别更低，其长官为"知军"。签判是知军的幕僚官，是低品级的小官。

重新起用主战派，试图以武力恢复中原。

朝廷中的主战派首推张浚。张浚是徽宗时的进士，因在"靖康之难"发生时追随宋高宗赵构而被重用，负责节制军马。他忠君爱国、勇于担当，同时又言大而夸，将略实非所长。因此，当宋孝宗起用张浚主持全国军政、谋划北伐时，已退居幕后的宋高宗告诫赵昚：张浚不擅用兵是天下皆知的事情，如果让他主理军政，对南宋不利，应谨慎处之。然而，当时的南宋主战派人员萎靡，只有张浚威望最高。一方面，刚刚登基的赵昚迫切需要一次军事上的胜利来彰显国威；另一方面，被冷落了二十五年的张浚无比渴望通过一场战役来重掌久违的权柄。如此情势下，两人不谋而合。

隆兴元年（1163年），为防止主和派的干预，宋孝宗绕过三省和枢密院①，直接命令张浚都督江淮军马渡过淮河北伐，史称"隆兴北伐"。张浚调集八万人马，兵分两路，分别任命李显忠和邵宏渊为正、副主帅，自淮东向北进军，一路顺利收复了灵璧县（今安徽省宿州市灵璧县）、虹县（今安徽省宿州市泗县）、宿州（今安徽省宿州市）诸城。捷报传回临安，朝野上下无不欢欣鼓舞。然而，随着战事的推进，南宋军队内部逐渐产生了矛盾，李显忠、邵宏渊屡屡争功，渐生嫌隙，甚至互相毁谤。

此时，金兵开始疯狂反扑，出动十万大军压向宿州。李显忠孤军奋战，独力难支，但近在咫尺的邵宏渊却按兵不动，甚至鼓动部下放弃抵抗。与金兵激战整整一天后，寡不敌众的李显忠狼狈溃退，

---

① 三省是指中书省、门下省、尚书省。宋朝沿袭了自西汉以来发展形成的三省六部制。宋神宗"元丰改制"后，中书省专司取旨出令，门下省专司审议，尚书省总辖吏、户、礼、兵、刑、工六部和司封、司勋、考功、度支等二十四司，并主管议定官员谥号、祠祭等事。枢密院掌管国家军务、兵防、边备、戎马等政令，辅佐皇帝治国安邦。

金兵紧追不舍，宋军死伤无数，军资器械等悉数落入金军之手。宿州的旧郡名为符离，故史书将这场败仗称为"符离之战"。出师未满三个月，背负兴国雪耻使命的"隆兴北伐"就这样夭折了。此后，南宋失去了与金国再战的资本和士气，被迫再次与金国议和，即"隆兴和议"。与此同时，主战派被陆续排斥出南宋朝廷，主和派势力随即抬头。秦桧的党羽、主和派代表人物汤思退于七月间被任命为右相兼枢密使，议和随即展开。

与"绍兴和议"相比，"隆兴和议"使南宋告别了向金称臣的屈辱地位，但所谓的"叔侄关系"并没有改变南宋低人一等的现实情况。南京在国土上做出的巨大让步，也使不平等和议的本质丝毫未变。这意味着宋孝宗即位以来的第一次雪耻失败了。

这场仓促的战争无疑是屈辱而可笑的，但在辛弃疾看来，这正体现了南宋收复失地的决心。他在军事著作《美芹十论》①中曾表达过自己对此事的肯定："惟是张浚符离之师粗有生气，虽胜不虑败，事非十全，然计其所丧，方诸既和之后，投闲蹂躏，由未若是之酷。"他认为，与"隆兴和议"给南宋带来的损失相比，"符离之战"是具有一定的积极意义的。他的内心深处依然存有反攻金国的企盼。

宋金两国在签订《隆兴和议》后四十年间没有发生战事，进入一段难得的太平时期，盼望驰骋沙场、收复失地的辛弃疾也由此进入了人生的新阶段。

---

① "献芹"典出《列子》，某人喜食芹，便献芹于地主，地主尝后大吐不止。辛弃疾以此暗示自己的见解恐不被看好，但向朝廷主动献芹乃出于诚心。

失意江阴

　　春已归来，看美人头上，袅袅春幡。无端风雨，未肯收尽余寒。年时燕子，料今宵、梦到西园。浑未办、黄柑荐酒，更传青韭堆盘？

　　却笑东风从此，便薰梅染柳，更没些闲。闲时又来镜里，转变朱颜。清愁不断，问何人、会解连环。生怕见、花开花落，朝来塞雁先还。

（辛弃疾《汉宫春·立春日》）

　　这首《汉宫春》作于辛弃疾归正①不久。立春之时，尽管余寒未消，但诱人的春色已经悄悄在江南萌生。旧年飞回的燕子，想必也会梦到西园。花开花落，春去春来，朱颜易改，清愁不断。辛弃疾由景色生发的感怀，隐喻了他对岁月匆匆、功业未成的慨叹。"问何人、会解连环"一句，以古喻今，其忧国忧民之心由此可见一斑。

-----

　　①　宋代称从外部沦陷区返回南宋为归正。

"隆兴北伐"时，辛弃疾正在江阴军签判任上，远在江南无法亲历。但他"位卑未敢忘忧国"，一直密切关注朝廷对金国的作战方案，并积极为宋军出谋划策。他虽然坚持主张抗金，却认为南宋急于北伐的策略并不可取。南宋初期，有人向朝廷建议放弃或虚置两淮，退守长江天险。北伐前，辛弃疾针对这种论调向宋孝宗上《论阻江为险须藉两淮疏》，从历史角度强调两淮的重要性："自古南北分离之际，盖未有无淮而能保江者，然则两淮形势在今日岂不重哉！"同时提出了相应的军事防御策略：在淮河流域分别陈兵中、东、西三镇，派驻文武兼备的将领守御。倘若金兵进攻淮东，中镇救援，西镇则乘虚深入敌后；倘若金兵进攻西镇，中镇救援，东镇包抄敌后；倘若金兵进攻中镇，建康的兵马负责援救，东、西两镇则出兵骚扰敌人；倘若东、西两镇均受到攻击，中镇则负责扰乱敌方。

　　随后，他又向宋孝宗上《议练民兵守淮疏》，建议仿效古代军屯制度，在两淮训练民兵，平时耕地种田，营治生产；农闲时节训练为兵，每逢战事则执枪能战，倾力御敌。

　　眼看北伐在即，辛弃疾忧心如焚，频频献言，却因人微言轻，无人理会。他还求见张浚，提出自己的北伐构想：从关陕、南阳、淮北佯攻，待金兵疲于调动时，再出兵奇袭山东，截断前线金兵与燕京的联络，从而一举收复中原。遗憾的是，张浚并没有将他这个从八品的归正人员放在眼里。

　　符离溃败对南宋的影响相当深远，主战派悉数被排挤出局，和议成为主流。"抗战必亡"的消极论调甚嚣尘上，悲观情绪笼罩着整个朝廷。在此形势下，辛弃疾毅然高举抗金大旗，挺身而出，独抒己见。乾道元年（1165 年），辛弃疾向宋孝宗上"万言平戎策"，即《美芹十论》，又称《御戎十论》，对宋金对立形势及军事斗争的前景做了详细而具体的分析，欲以此重新唤起南宋君臣的抗战信心和豪情。

《美芹十论》共分为十篇，前三篇为审势、察情、观衅，分析金国的弱点，树立必胜的信心；后七篇为自治、守淮、屯田、致勇、防微、久任、详战，条理清晰地提出抗金策略，主张筹备抗金事宜。

在前三篇中，辛弃疾论证了金国外强中干的实质，认为它不足为惧，而且还有"离合之衅"可乘。金国统治者一味扩张辖境，在中原地区施行种族压迫政策，导致辖境内动荡不安、矛盾重重。因此，一旦遇到惊扰，就很容易产生纷争、割据。就其军队编制而言，在中原所签发的汉军"皆其父祖残于蹂践之余，田宅罄于捶剥之酷"，兵卒被迫服役，久积怨愤，一旦宋金交战，必然反戈投诚；对塞外契丹诸族丁壮，金人亦采取高压政策，"诛胁酋长，破灭资产"，迫令从役。契丹人远在塞外，很难调集，即便被迫从命，也会在抵达前线前四散奔逃。由此可见，金国军队虽然数量庞大，却不乏溃败的可能性。再者，金国的屯田军大量内迁后，强行霸占中原百姓的田产牲畜，逼迫当地民众从事征战、运输、营筑之役，每遇争执，汉人必然枉屈。长此以往，中原百姓与金人之间的裂痕越来越深，但凡有风吹草动，中原百姓一定"相挺以兴"，投身抗金。对南宋而言，这一有利形势恰可作为恢复中原的凭借。

后七篇针对南宋如何充盈实力、计划作战、抓住时机实现复国大业等给出建议和策略。首先，辛弃疾认为必须破除一种悲观论调："南北有定势，吴楚之脆弱不足以争衡于中原。"只有将这种谬见彻底破除，才能重塑信心，才有可能实现自治。辛弃疾认为，国力的强弱不取决于南北，而在于国家盛衰。因此，上下应当卧薪尝胆、精心强力，共图大业。他主张先做迁都金陵的准备，并且不再向金国交纳岁币。如此，对内可"作三军之气"，对外可"破敌人之心"，营造一种积极进取的氛围，"然后三军有所怒而思奋"，广大中原民众也将有所恃而勇为内应。其次，辛弃疾主张将自北方归来的军民安置在两淮，给予他们农田、家舍及其他生活所需，将他们分为保伍，加以训练，平时从事农耕，遇战事则变成抗敌的兵将。再次，辛弃疾提出要主动"出兵以攻人"，而不能被动地"坐而待人之攻"。要进而战于敌人之地，不要退而战于自己之地，这才是最高权谋、最佳策略。同时，他还指出，出兵攻打金国要先从"其形易、其势重"的山东开始。因为当地民风劲勇，金国在当地的军事布置较薄弱，而且山东离燕京很近，从山东入手，必会受到山东民众的响应，继而河北也唾手可得，进攻燕京就指日可待了。

南宋主战派在抗金的立场上是统一的，但在具体策略上则各执己见。张浚、虞允文、陆游都强调关、陕的战略重要性；几度为相的赵鼎及后来的陈亮认为经营荆襄最关键；岳飞则主张直接进攻汴京和洛阳，如此可尽收河南。而从辛弃疾的《美芹十论》可以看出，守御两淮，窥视山东，是其一系列抗金主张的战略核心，具有独特的军事价值。这部献给宋孝宗的著作洋洋洒洒万余字，绘制了抗金复国的蓝图，其中自治图强的军事思想熠熠生辉，为后人提供了丰富的养料，也使辛弃疾的军事才能被后人津津乐道。郭沫若曾为辛弃疾墓作挽联："铁板铜琶，继东坡高唱大江东去；美芹悲黍，冀南宋莫随鸿雁南飞。"

献上《美芹十论》后，辛弃疾又写了一篇进书的札子，总结了对金作战以来南宋屡屡落败的主要原因——南宋一直处于被动，始终无意争取主动。尤其是在秦桧施行"和"政的二十多年里，国力和民心都在屈辱的丧权氛围中消磨殆尽。为与之相对照，辛弃疾特别提出张浚主持的"符离之战"虽然"胜不虑败，事非十全"，以失败告终，但战争中展现出的士气仍旧给长久萎靡的南宋朝廷和国家带来不小的震撼。因此，不要因为一次挫败就改变甚至放弃恢复中原的根本大计。

　　然而，在"隆兴和议"的帷幕刚刚落下之际，辛弃疾倾注心血的所有议论都显得格外突兀、不协调而被束之高阁。眼见金宋两国各取所需的和议过后，南宋朝廷俨然将偏安一隅的处境、流离北方的子民和割弃沦丧的国土抛诸脑后，辛弃疾心里像深深扎进一根刺。在表面和平的环境里，他不得不极力压制内心的失望，说服自己在任上为国效力。

两人百岁恰乘除

叹飘零，离多会少堪惊。又争如、天人有信，不同浮世难凭。占秋初、桂花散采，向夜久、银汉无声。凤驾催云，红帷卷月，泠泠一水会双星。素杼冷、临风休织，深诉隔年诚。飞光浅、青童语款，丹鹊桥平。

看人间、争求新巧，纷纷女伴欢迎。避灯时、彩丝未整，拜月处、蛛网先成。谁念临州，萧条官舍，烛摇秋扇坐中庭。笑此夕、金钗无据，遗恨满蓬瀛。敧高枕、梧桐听雨，如是天明。

（辛弃疾《绿头鸭·七夕》

对辛弃疾来说，国家兴衰总能唤起他内心的波澜。遗憾的是，这种情愫在他的人生中从未真正自在地展露过，而是被压抑在心中，无处施展。这不可避免地使其陷入苦闷。这个时候，家庭给予了他充分的慰藉和疏导。

辛弃疾十七岁时，祖父辛赞为他在故乡娶赵氏为妻。婚后，辛弃疾一心想要收复失地、为国效力，赵氏见丈夫心系家国，内心满是崇拜和爱意。她坚信自己的枕边人是当世少有的英雄豪杰，就算朝廷把他安排在僻远的江阴，她也毅然选择不离不弃。

时光易逝，眼看南宋错失了收复北方失地的最佳机会，辛弃疾的一腔爱国热忱无处安放，他愁闷不已！赵氏虽无力替他分担心中的怅惘，但依然不断地劝解他，不要一味莽撞地主战，要婉转地向朝廷建言献策。她还鼓励辛弃疾作词，将生活中的所思所感付诸词句，之后她再将丈夫的词谱曲唱出，夫妻二人心意相通、一唱一和。在赵氏温柔体贴的劝慰下，壮志难酬的辛弃疾在江阴任上写出《美芹十论》，并开始作词。在江阴的三年，辛弃疾和妻子育有两子，生活简单而温暖。家庭的温情适时地给了他抚慰，使他内心的愁闷被稀释。这段与赵氏琴瑟和鸣的美好时光，在辛弃疾的脑海中成为抹不去、常留恋的记忆。

二十五岁时，辛弃疾被派往广德（今安徽省广德市）军中任通判，于是举家迁往任所。就在这一年，他的妻子因奔波劳顿而患病去世。丧妻之痛让他茫然失措，他失去的何止是举案齐眉的妻子，分明是高山流水的知音、心意相通的好友。他感觉自己的世界被猛然抽去了一根支柱，内心如地震般晃动不宁。失去了同路人，自己接下来该怎么走？两个幼年丧母的儿子又该如何抚育？……一系列难题让他心痛不已、迷惘惆怅，但斯人已逝，他不能任由自己在悲痛中沉浸过久。办理完妻子的丧事后，他便投入公务，同时尽力养育幼子，不辜负赵氏多年来对自己的一片衷情。

西晋文学家潘岳为悼念亡妻曾写下《悼亡诗三首》，"望庐思其人，入室想所历。帏屏无髣髴，翰墨有余迹。流芳未及歇，遗挂犹在壁。怅恍如或存，回惶忡惊惕。如彼翰林鸟，双栖一朝只。如彼游川鱼，比目中路析"。唐代诗人元稹为悼念原配妻子韦丛写了《遣悲怀三首》，"同穴窅冥何所望，他生缘会更难期。惟将终夜长开眼，报答平生未展眉"，妻子早逝，自己的人生也随之灰暗。北宋大家苏轼在原配王弗夫人的十年忌日这样感叹："十年生死两茫茫，不思量，自难忘。千里孤坟，无处话凄凉。"贺铸在妻子过世后，再次来到苏州大门时写道："重过阊门万事非，同来何事不同归？梧桐半死清霜后，头白鸳鸯失伴飞。"辛弃疾在公务之余总爱默诵这些悼念之妻的诗篇，唯有这些诗篇能让他暂时缓解丧妻的悲痛。他独自回忆曾经的闺房情趣和妻子的善解人意，仿佛妻子从未离他远去。

自然有枯荣，万物有兴衰。江南的又一个四季轮转而去，辛弃疾已在广德生活了两年。无论是雨后拔节的笋、夏日怒放的莲，还是婉转啁啾的鸟鸣、醉人绚烂的晚霞，都无法让他内心安稳充盈。广德的生活苦闷且寂寞，妻子的离去让他身边再无知己。于是，每逢公干，他都会去南归时准备面见皇上而寓居过的京口（今江苏省镇江市京口区），那里不仅有他喜爱的人文风景，还有他时常想起的故人。

当时京口有一家归正人，经历与辛弃疾十分相似。这家的主人叫范邦彦，字子美，邢州（今河北省邢台市）人。范家在邢州本是大户，家族长期居住在范仲村。范邦彦的妻子是赵宋宗族之女，出身高贵，有皇室血统。宋钦宗靖康末年，邢州被金兵攻占，范仲村也沦于金朝统治之下。范邦彦因母亲年迈，无法脱身，不得不滞留北方。后来，他在金国中了进士，又花重金托人请求将自己派往宋金交界之地，并被任命为蔡州新息（今河南省信阳市息县）县令。绍兴三十一年（1161年），宋金交战，金主完颜亮因为荒淫无道而被部将杀死，范邦彦率众打开蔡州城门迎接王师，然后带领全家南徙，几乎与辛弃疾同时归宋，定居京口。

由于身份相同，经历也相似，两家来往十分密切。范邦彦对辛弃疾的英雄气概钦佩不已。听闻辛弃疾鳏居后，他亲自做媒，将自己的女儿范如玉嫁给辛弃疾。辛弃疾心想家庭诸事以及幼子养育都需要一个温柔可心的女子操持，便答应下来，不久在范邦彦的亲自操办下，辛弃疾与范家小姐举行了婚礼。

范氏出身名门，知书达理，一入辛家便将家中事务打理得井井有条。南宋名臣赵方①曾以晚辈身份拜访辛弃疾，虽然两人年龄相差悬殊，却一见如故，促膝长谈三日而不觉疲累。辛弃疾十分赏识赵方的才气和抗金志向，私下里对范氏感慨："近得一佳士，惜无以为赠。"范氏见丈夫由衷地欣赏赵方，便说："我这里有一些绢，可做薄礼表达心意。"辛弃疾遂将这些绢作为盘缠送给赵方，还赠给他许多书籍，内中的爱护之意令赵方感激不尽。

辛弃疾喜欢喝酒，经常将范氏的规劝当作"耳旁风"。范氏见规劝无用，便趁他外出饮酒时，别出心裁地在窗子上写满劝他戒酒的语句。辛弃疾醉醺醺地回到家，看到窗子上这些情意绵长的规劝语句后十分愧疚，专门写了一首词向范氏表达歉意：

大醉归自葛园，家人有痛饮之戒，故书于壁。

昨夜山公倒载归，儿童应笑醉如泥。试与扶头浑未醒，休问，梦魂犹在葛家溪。

千古醉乡来往路，知处，温柔东畔白云西。起向绿窗高处看，

---

① 赵方（？—1221）：字彦直，潭州衡山（今属湖南省）人，南宋名臣、学者。少时曾师从张栻、刘光祖，淳熙八年（1181年）进士及第，历任蒲圻县尉、知青阳县、知随州等职。宋金议和后，各地武备松弛，他招兵择将，积极备战。他力主抗金，数解枣阳之围，又在淮西大败金军名将仆散安贞。他戍边十年，以战为守，使京西一境免遭金人蹂躏。《宋史》称其"许国之忠，应变之略，隐然有尊俎折冲之风"。

题遍，刘伶元自有贤妻。

（辛弃疾《定风波》）

此词酒气扬拂，情趣益然。首两句叙事有趣，他醉得像一摊泥，被人放在车上拖了回来，他们的孩子也跟在车子四周拍手哄笑。短短十四字，就勾勒出一幅妙趣横生的醉汉童戏图。下阕开首的"千古醉乡来往路"承上句而来，过渡巧妙，似断实连，有如回答。南宋张炎在《青玉案·闲居》中说"壶内藏今古"，从古到今的嗜酒之人数不胜数。随后，辛弃疾用"温柔东畔"代指自己家，可见他对家庭的看重以及对妻儿的感情之深。这首词最富趣味的是最后几句："起向绿窗高处看，题遍，刘伶元自有贤妻。"酒醒后，他起床抬头看，绿窗上题满了戒酒的语句，心中生出无限感叹：想来昨日酒后失态给妻子添了不少麻烦，可这满窗字句何尝不是妻子贤德的明证？此时他心中涌起的愧疚羞赧与幸运满足交杂在一起，人生得一如此贤惠明德的妻子，何其幸哉！

范氏与辛弃疾同岁，陪伴辛弃疾的时间最长。有一年范氏生日，辛弃疾为表达心中情意，特作词一首赠予范氏：

寿酒同斟喜有余，朱颜却对白髭须。两人百岁恰乘除。
婚嫁剩添儿女拜，平安频拆外家书。年年堂上寿星图。

（辛弃疾《浣溪沙·寿内子》）

"两人百岁恰乘除"，意为两个人的年纪相加正好百岁，这个寿辰的意义非同寻常。此时年届五旬的辛弃疾须发已然见白，但他眼中的妻子容颜未改，仍有年轻时的风采。范氏生育了七子一女，加上之前赵氏留下的二子一女，辛弃疾共有九子二女。看着堂下儿孙跪拜，频收家书报平安，这平淡充实的生活给了他足够的幸福感，希望年年都能在厅堂里挂起寿星图为妻子过寿，让眼前儿孙绕膝的家庭和美场面一直延续下去。从这首词可以明显感受到辛弃疾对范氏的珍视。所谓"琴瑟在御，莫不静好"大约就是这样的生活吧。

浮华建康

烟笼寒水月笼沙，夜泊秦淮近酒家。商女不知亡国恨，隔江犹唱《后庭花》。

（杜牧《泊秦淮》）

杜牧这首诗是后世很多人对建康的最初印象，那里的秦淮河畔总是飘荡着咿呀婉转的腔调，整个城市散发出浓郁的历史气息，它的柔情、靡丽、沧桑、悠远都令人欲罢不能。建康，旧称金陵，东吴、东晋、宋、齐、梁、陈六个朝代都曾在这里建都，因此被称为"六朝古都"。李白在《永王东巡歌》组诗中云"龙蟠虎踞帝王州，帝子金陵访古丘"，宋代抗金名将李纲赞誉它"江山雄壮，地势宽博"……这样一个承载过数百年历史的城市，在辛弃疾心里却激起了不同的浪花，让他五味杂陈。当年南归时，他就是在这里受到宋高宗的接见。这里曾给予他无限骄傲，也令他失落迷惘，兜兜转转几年后，他又一次来到这里。踏进城门的那一刻，辛弃疾的脑海中便不由自主地浮现出当年的种种情形。

那一年，他二十三岁。期盼已久的南归终于实现了，踏上国土的他终于完成了祖父的遗愿。他满怀激荡，气宇轩昂，尽管眼前是浸润着温软绵香的南国，但他却仿佛看到穿戴盔甲、戎马纵横的自己，在沙场上壮怀激烈、挥鞭驰骋。想到这一幕，他热血沸腾、激动不已。然而时运不济，他的身边尽是主和派的声音。他们歌颂"和平"、盛赞"明主"，摆在他眼前的只有一条平庸劳碌的文墨官途。

如今，他二十八岁，不再是那个怒发冲冠、亲率一队轻骑渡江擒贼的掌书记。五年的磨炼让他逐渐清醒，只有深埋自己那无处诉说的祈愿，投身为国效力的事业中，才能再次感受这片土地的生机。

乾道四年（1168 年），辛弃疾被朝廷派到建康府任通判，依旧是文职官员，与领兵打仗无关。建康作为陪都，聚集了很多达官显贵，这也使辛弃疾多了一些与朝廷重臣接触的机会。在建康通判任上，他经常与官员名士交游，应对唱酬。但时间一长，他发现自己并没有真正被南宋的达官显贵接纳，更不必说为朝廷所重用了。对于满怀报国志向的辛弃疾来说，归正人的身份带给他的是残酷而冷漠的打击。在不被信任与报国展志之间，他很清楚自己的方向，深知要想完成自己的使命，必须努力融入南宋官场，让人们忽略自己归正人的身份。众所周知，辛弃疾文武全才，经常在觥筹交错、酒酣脑热之际诗兴大发，这些词作受到当时文人的大力追捧，坊间纷纷传诵。他还利用应酬的机会在辞赋中表明心意，以打消南宋显贵的疑虑。

千里渥洼种，名动帝王家。金銮当日奏草，落笔万龙蛇。带得无边春下，等待江山都老，教看鬓方鸦。莫管钱流地，且拟醉黄花。

唤双成，歌弄玉，舞绿华。一觞为饮千岁，江海吸流霞。闻道清都帝所，要挽银河仙浪，西北洗胡沙。回首日边去，云里认飞车。

（辛弃疾《水调歌头·寿赵漕介庵》）

这首词是辛弃疾为好友赵彦端①祝寿时所作。赵彦端十七岁中进士，当过临安府钱塘县簿，颇受宋高宗赵构赏识，与皇室关系亲厚。宋高宗曾盛赞他描写西湖的《谒金门》词中"波底斜阳红湿"一句，并喜不自胜地感叹"我家里人，也会作此等语"。赵彦端并非身居高位，但朝野众人竞相与之结交，其中缘由可想而知。乾道二年（1166 年）至乾道五年（1169 年），赵彦端领江东漕事，辛弃疾特意在其寿宴上赋词表达心意。他在上阕不吝辞藻地赞颂了赵彦端，下阕则陈述自己的报国宏旨。他在词中灌注了深厚的爱国之情，将慷慨热烈的豪情与深隐内含的用意结合起来，跌宕生姿，自然开阔。遗憾的是，辛弃疾此番寄情并未收到预想的反馈，本是英才，奈何无用武之地。

尽管如此，辛弃疾仍凭借自己的才学，在暮气沉沉的官场上结识了一些同道中人。这一时期，与辛弃疾来往最多的当属史致道。史书上的史致道虽工于政治，但他是主战派人士，在军事上颇有造诣。他曾作《兵鉴》阐述用兵之道，又作《边问》论江淮防守。他还曾向朝廷进献《保治要略》八篇和《恢复要览》五篇，提出"国家根本在荆襄巴蜀，防守利害在两淮"的战略观点。当时，史致道任建康留守、知建康府兼沿江水军制置使，集军政大权于一身，位高权重。他在任期内打造战船，加固城墙，催筑坞垒，巩固长江防

---

① 赵彦端（1121—1175）：字德庄，号介庵，鄱阳人。绍兴八年（1138 年）进士，约绍兴十年（1140 年）任余干（今江西省上饶市余干县）县令，凡三载。擅作词，有《介庵词》一卷，词风婉约。

线，尤其在水军建设方面贡献卓著。

史致道的很多战略思想与辛弃疾不谋而合。辛弃疾对他极为敬重，经常和他一起探讨复国大计。有一次，在史致道安排的宴会上，辛弃疾有感而发，即兴写下一首词：

鹏翼垂空，笑人世、苍然无物。还又向、九重深处，玉阶山立。袖里珍奇光五色，他年要补天西北。且归来、谈笑护长江，波澄碧。

佳丽地，文章伯。《金缕》唱，红牙拍。看尊前飞下，日边消息。料想宝香黄阁梦，依然画舫青溪笛。待如今、端的约钟山，长相识。

（辛弃疾《满江红·建康史致道留守席上赋》）

这首词不同于一般的应酬赞美、缺乏主旨之作，辛弃疾以饱醮的笔墨、充沛的热情，向史致道发出赞颂，并以此表明自己力主抗金复土的政治抱负。他开篇就以庄子在《逍遥游》中构造的那只"背若泰山，翼若垂天之云"的神奇鹏鸟来比拟史致道，以奇情异想的笔调赞颂史致道高才独出、志向奇壮。接着，他又用女娲补天的神话赋予史致道补天之神的奇特形象，这并非不着边际的追捧，而是将大鹏与女娲进行联结后，趋近他的抗金目标。实际上，他在这里是希望主战派能受到朝廷重用，从而收复中原故土，"补"好大宋已经缺失的"半边天"。之后的"且归来"是对"又还向、九重深处"、志在补天的鹏鸟的转写，从神话过渡到现实，写史致道充任江防前线的长官，捍卫万里长江的天险，使江南形势得以安定。"谈笑"一词，写出史致道护江的举重若轻，其风采有如当年"羽扇纶巾，谈笑间，樯橹灰飞烟灭"的周瑜。

词的下阕着墨于宴席描写，但并不渲染其热闹与豪华。"金缕"

是曲调名，是对史氏文才的推许，赞美其创作的词广为传唱。"料想宝香黄阁梦"不写其现下的欣喜之情，反写史致道日后入朝为相、主持政事后，还会忆起今日秦淮河上的游赏，措辞意味深隐，写出了史致道位高权重时的平常心和风流态，赞其情怀儒雅恬淡。结句曲笔传情，艺术手法高超。既然史致道入朝主政后依然留恋钟山山水，今日自然要与钟山相约，变成"老相识"。自然，在钟山秦淮边结识的同僚，也就是老朋友了。

尽管这是一首富含风雅趣味、充满赞美之意的贺词，但却难掩深藏的落寞。辛弃疾笔下的史致道既有"鹏翼垂空"的狂放，亦有"苍然无物"的傲骨，但现实中史致道却面临着和辛弃疾一样的困境。他也曾满怀壮志地上书宋高宗，表达自己抗击金人、誓死收复失地的决心。可如今只能固守建康，整日与长江相对，在微醺中做着征战沙场的美梦。辛弃疾又何尝不是呢？与史致道手握一方军务实权相比，他的处境更加无望，那个梦如海市蜃楼般无法触及。或许此时唯一的慰藉就是他还心存希望，他的"美芹"不会因朝廷暂时的轻视和搁置而永远沉寂，总有一天他会持刀上马、浴血杀敌，在疆场上建功立业、扬眉吐气。

值得一提的是，此时的辛弃疾只是一名品阶低微的通判，却能对当时的建康军政长官史致道直抒胸臆，表达抗金的意愿，足见他胆识过人、胸襟坦荡。次年又逢史致道生日，辛弃疾作《千秋岁》一词贺寿，与上一年的《满江红》在志趣上一脉相承。

金陵寿史帅致道。时有版筑役。

塞垣秋草，又报平安好。尊俎上，英雄表。金汤生气象，珠玉霏谈笑。春近也，梅花得似人难老。

莫惜金尊倒，凤诏看看到。留不住，江东小。从容帷幄去，整顿乾坤了。千百岁，从今尽是中书考。

（辛弃疾《千秋岁》）

上阕写史致道的英勇事功与儒雅谈吐。"塞垣秋草，又报平安好"两句紧扣当时社会的主要矛盾，突出叙述了史致道的功业。塞垣"平安好"与史致道的非凡才能有很大关系。作为主帅，史致道不仅在对敌斗争中成就卓著，在内政方面也表现不俗。他兴建桥梁，使金陵城防固若金汤，呈现出新气象。而"珠玉霏谈笑"实为"笑谈霏珠玉"的倒装，谓其谈笑风生、言如珠玉的风雅形象。"春近也，梅花得似人难老"以梅衬人，言梅有衰落时，人却不像梅花那样易老。辛弃疾用婉转语势表达出祝史致道长寿之意。

下阕写他对史致道的期望，祝史致道出将入相，整顿乾坤，建功立业。"莫惜金尊倒，凤沼看看到"既劝其尽情饮酒，又言其很快便会应诏入朝，担当大任。"留不住，江东小"反用《史记·项羽本纪》中"江东虽小，地方千里"之意，形容史致道是治国的栋梁之材，身在江东小地难以尽展其才华。"从容帷幄去，整顿乾坤了"是说史致道回到朝廷，运筹帷幄，决胜千里，收复中原地区，把国家治理得井井有条。"千百岁，从今尽是中书考"将史致道与唐代郭子仪作比，希望他从今至老永为贤相，千古流芳。

这首词工丽华美，格调恢宏，不仅赞颂了史致道的功绩，而且热切期望宋朝将领能够挥师北伐，扫净强虏，恢复河山。这是辛弃疾强有力的心声，也是众多爱国志士的共同心愿。

众里寻他千百度

　　秦淮河是金陵的灵魂，金陵城内的达官显贵经常聚集在此，享受秦淮之美艳。河面上络绎不绝的画舫交错而行，琴歌之声荡漾在夜空中不绝于耳，这里的歌舞声色、纸醉金迷令人流连忘返。历代文人墨客总爱来此吊古忧今，在秦淮河体会恍如隔世的感觉。

　　辛弃疾与史致道相处十分融洽，辛弃疾经常邀请史致道登高望远、吟赏烟霞，两人共叙友情，抒发壮志。一天，他们相约前往位于建康城西秦淮河畔的赏心亭。赏心亭名为亭，实则是一座三层的楼阁，离秦淮河的中心区域尚有一段距离。登楼远眺，秦淮河的繁华尽收眼底，就连远处长江澎湃的激流和钟山的雄姿也近在眼前。深为此情此景所触动的辛弃疾走到亭廊，望着秦淮旧地，沉吟片刻，作词吟诵道：

　　登建康赏心亭，呈史致道留守。

　　我来吊古，上危楼、赢得闲愁千斛。虎踞龙蟠何处是？只有兴亡满目。柳外斜阳，水边归鸟，陇上吹乔木。片帆西去，一声谁喷霜竹？

却忆安石风流，东山岁晚，泪落哀筝曲。儿辈功名都付与，长日惟消棋局。宝镜难寻，碧云将暮，谁劝杯中绿？江头风怒，朝来波浪翻屋。

（辛弃疾《念奴娇》）

辛弃疾在词中将借古讽今与倾诉心语融为一体，兼有雄伟与细腻。他从建康的地理形势、眼前的破败景象写起，以东晋名相谢安的遭遇自喻，表达了自己缺乏知音同道的苦闷，最后用长江风浪险恶来暗指南宋的危局。他采用自问自答的方式，把吊古伤今与"兴亡满目"落到实处，渲染出国势渐衰的悲凉气氛：夕阳斜照在萧索的柳树上，水边觅食的鸟儿费力飞回窝巢，陇上的乔木被狂风吹打，黄叶簌簌落下；一只孤零零的小船在秦淮河中漂着向西驶去，不知从何处传来哀婉悲凉的箫竹声。临高远眺，眼前这番萧瑟凄清之景，如何能激起人的兴致呢？徒增伤感而已。

下阕，他借用谢安受谗被疏和淝水之战等典故，侧重于表达自己志不得伸，无法实现抗金收复河山的愁苦，以及对国家前途的忧虑。本想做波涛汹涌中的"弄潮儿"，却时不我与，"长日惟消棋局"，整日在声色游冶中消磨时光，对于壮怀在胸的辛弃疾来说，这样磨耗斗志的生活如何能让他不泪落呢？

谢安，字安石，东晋人，曾长期隐居在会稽东山（今浙江省绍兴市境内），因此给自己取别号东山，后世也称他为谢东山。谢安出任宰相未被疏远前，派弟弟谢石和侄儿谢玄领兵八万，在淝水大败前秦苻坚九十万大军。捷报传到建康时，他正从容地与客人下棋，客人询问战况，他平静地答道："小儿辈遂已破贼。"后来，功高盖主的谢安遭到孝武帝的猜忌和疏远。在一次宴会上，孝武帝命擅长音乐的右军将军桓伊弹奏古筝，桓伊弹奏并演唱了一首曹植的《怨歌行》，为谢安鸣不平。谢安深受感动，泪满衣襟。辛弃疾此处是借古人之酒浇自己之块垒，曲折隐晦地表达出自己不受重用的苦闷。

"宝镜难寻，碧云将暮，谁劝杯中绿"借用典故，暗喻壮志忠心不为人知、知音难觅的无奈。据唐代李濬的《松窗杂录》记载，秦淮河上有捕鱼人捞得一面能照见脏腑的宝镜，捕鱼人大惊，失手将宝镜掉落水中，而后不可复得。辛弃疾化用这个典故，意在说明自己的报国忠心无人鉴察。这三句的感情基调悲愤沉郁，但词句含蓄蕴藉，深沉动人。词的最后两句境界幽远，寓意颇深。满腹心事的辛弃疾眺望江面，看到狂风怒号，预感到风势将愈来愈大，长江卷起的巨浪会把岸上的房屋推翻。这一情景暗示了时局的险恶，金人随时可能侵犯宋地，意在警醒朝廷应未雨绸缪，重用人才。

辛弃疾吟诵完毕，旁边的史致道拍手连声称赞："好词，好词！幼安，你的词丝毫不输东坡啊！"辛弃疾拱手称谢，庆幸身边还有一位志同道合的朋友。史致道后来几经宦海沉浮，终究未能得志，于是自号"吴门老圃"，归老姑苏，人生归于寂寥。

很难说在那样的时局下，还有多少志在抗金的能人志士怀才不遇，沦为微尘，或者无奈地放弃前志，改顺时局。辛弃疾则始终心有所寄，不甘随波逐流。乾道六年（1170年），辛弃疾任建康通判未满三年，终于得到被宋孝宗召见的大好机会。他将这个机会看作是一种礼遇，更是一次难得的平步青云的时机。兴奋过后，他冷静下来分析其中利害：要么为了大宋江山社稷直抒己见，尽己所能地影响皇帝的决策；要么为了自己的前程逢迎圣意，从此与以往的志向一刀两断。

"隆兴北伐"失败后，宋、金达成和议，两国进入七年的和平时期，宋朝君臣"坦然"安享太平，不再忧心战争。假如为自己的仕途着想，辛弃疾理应避免谈及战争及宋金战备，而多谈一谈治理国家、发展经济、扶助农桑的措施。然而，他决心遵从内心的意愿，当面向皇帝陈述收复失地的主张。

立于大殿之下的辛弃疾，不卑不亢，充满浩然正气。面对宋孝宗的询问，他侃侃而谈，从南北形势谈到东汉末年三国招揽人才、逐鹿天下的豪情，持论劲直，丝毫没有迎合谄媚之态。他向宋孝宗阐释了《美芹十论》中的许多观点，旁征博引、深入浅出地说明收复北地的重要性和实际举措。对他来说，这次面圣可能是他一生中唯一一次向皇帝进言的机会，因此他格外谨慎，从容不迫地将多年来盘旋在心头的主张和盘托出，希望能为皇帝采纳。宋孝宗并非昏聩无能之君，他从辛弃疾慷慨激昂的论述中看出眼前这个血气方刚的小官实则是个有鸿鹄之志、不可多得的人才。尽管当时宋金大局已定，战争无从谈起，但因爱才之心他必须将辛弃疾留在身边。于是，在延和殿召对后，辛弃疾被调到临安担任司农寺主簿。

司农寺是掌管粮食储存和发放官吏禄米的机构，主簿是主管文书簿籍的官员，官阶七品。虽然在级别上升迁不大，但这次升为天子近臣，际遇迥然，使辛弃疾看到了希望的曙光。然而，与建康不同，临安位于江南腹地，远离剑拔弩张，到处是堆金积玉的"温软乡"。临安的官员整天忙于应酬往来，在觥筹交错、醉眼蒙胧中遗忘了北地、金国和欲归而不得归的遗民。充斥在官场中的腐败与颓靡之气，与心有期待的辛弃疾显然格格不入，于是，他刻意与官场保持距离，经常来往的也大多是过去的友人。当时任太常少卿的赵彦端，时常邀辛弃疾一同欢宴。辛弃疾在临安时的唱和之作，多出自他和赵彦端之间。

春色如愁，行云带雨才归。春意长闲，游丝尽日低飞。闲愁几许，更晚风、特地吹衣。小窗人静，棋声似解重围。

光景难携，任他鹈鴂芳菲①。细数从前，不应诗酒皆非。知音弦断，笑渊明、空抚余徽。停杯对影，待邀明月相依。

（辛弃疾《新荷叶·再和前韵》）

闲愁难消，乍看是在愁春、愁雨、愁花、愁燕之去归，但词人内心的愁苦似乎远不止此。他郁闷的是自己的一片丹心不为贤者所知，身边志同道合者寥寥无几，所以他只有将所有悲苦揉进风物里、寄情于字里行间，才能将一腔郁积愁闷发泄出去。

除了与友人把酒吟诵，他还游览了临安很多钟灵秀美之地，"日日过西湖"，赏水墨晕染般的湖光山色，看"相次藕花开也，几兰舟飞逐"。这些地方留下了辛弃疾的足迹和墨迹，后世读者从这些景致背后读出了他的无奈和心酸。

每逢节日，天子脚下的临安最为喧闹。辛弃疾初到临安不久便在这里度过了一个元宵佳节。走在热闹的街上，看着喜气洋洋的游人，他不自觉融入其中，但这浓浓的节日氛围也触发了他心底的怅惘，久藏心中的意绪在一片欢腾中喷薄而出。

东风夜放花千树。更吹落、星如雨。宝马雕车香满路。凤箫声动，玉壶光转，一夜鱼龙舞。

蛾儿雪柳黄金缕，笑语盈盈暗香去。众里寻他千百度，蓦然回首，那人却在，灯火阑珊处。

（辛弃疾《青玉案·元夕》）

---

① "鹈鴂芳菲"出自《离骚》，"恐鹈鴂之先鸣兮，使夫百草为之不芳"。

满城灯火通明，满街游人如织，火树银花的街道两旁歌舞声不绝于耳，多么热闹的节日景象！辛弃疾怅然若失地走在人群中，仿佛佳节与自己无关，其意图并不在写景，而是为了反衬"灯火阑珊处"的那个人。梁启超谓"自怜幽独，伤心人别有怀抱"，认为此词别有寄托，可谓知音。

一簇簇礼花飞向天空，然后如星雨般散落下来。达官显贵们携带家眷出门观灯，灯海中观景的美人身着华服，佩戴精美饰物，香气袭人，一会儿就消失在人群中。"众里寻他千百度，蓦然回首，那人却在，灯火阑珊处"，这些美人都不是辛弃疾关注的对象，要在人山人海中寻觅一个身影，谈何容易！正一筹莫展之际，他不经意地回头，发现那人就在绚丽烟花的尽头。就在那一瞬间，他感到自己的精神被凝结和升华，莫名地感激上苍。

整首词在最精彩的地方戛然而止，给世人留下无比广阔的想象空间，含蓄而别致，显示出辛弃疾的巧妙构思：上阕中由灯、月、烟火、笙笛、舞交织成的元夕欢腾，那些令人眼花缭乱的丽人群女、绚烂烟花，原来都是为了那个意中人而设，倘若没有此人，一切便都黯然失色、索然无味。辛弃疾以元夕夜之闹反衬出其品格之高，构思之精妙。后代词家毫不吝啬地对这首词给予赞誉，王国维更是借名句"众里寻他千百度，蓦然回首，那人却在，灯火阑珊处"来阐述他的"境界说"主张。

此时身处临安"闹市"的辛弃疾已然看透南宋朝廷偏安一隅的私心，知道收复中原的希望越来越渺茫了。他冷眼旁观眼前的繁华景象，仿佛从元夕喧闹的灯火中预见了北伐和自己的命运。

第四章

迁任江南：莫把离歌频唱

　　满腹文韬武略的辛弃疾终于受到朝廷的重用。他先后担任滁州知州、江东安抚司参议官、仓部郎官、江西提刑、京西路转运判官、湖北路安抚使、大理寺少卿、荆湖北路转运副使、荆湖南路转运副使等职。无论品阶高低，他都尽心治理，实践《美芹十论》《九议》之条理，力求造福一方。而在主和派占据上风的政治背景下，辛弃疾作为主战派干将，越来越远离抗金前线，英雄渐老、时不我与的紧迫感和沉痛心情日甚一日地在他心中累积，其孤独与压抑无处排解，只能寄托于友人唱和的词作。

再抒《九议》

　　长久以来，辛弃疾胸中郁积着一股难以言说的痛楚，建康歌舞升平的繁华无法抚平它，临安的皇城气象无法纾解它。延和殿召对后，辛弃疾难掩失落，尽管他的才能和经验令宋孝宗赞不绝口，但朝廷的整体局势让他灰心失望。就在他被低落的心情左右时，朝中有个人开始密切关注他的举止言行，这个人就是虞允文。

　　"采石之战"后，虞允文在南宋朝野享有极高的声誉。在当朝官员中，他算是一位有抱负、有担当的人，尤其在担任宰辅后，更表现出主战意向。辛弃疾听说虞允文身边围绕着许多主和派人士，他们大肆宣扬北伐祸国殃民，坚信主张北伐的人别有用心。听到这种论调，辛弃疾不禁忧心忡忡，北伐无益的论调甚嚣尘上，许多朝廷官员逐渐习惯于蜷身江南并且心安理得起来。面对这一现实，他更坚定了上书的决心。

　　有一次，宋孝宗召集宰辅大臣商讨恢复之计，同知枢密院事刘珙首先发言："复仇雪耻确实是朝廷当前的第一要务。但除非朝廷用十年时间勤修内政，巩固国力，否则很难打败金国，收回失地啊！"

知枢密院事虞允文起而反驳道："复国之机会，间不容发，怎么可能做旷日弥久之打算？况且汉代的高祖刘邦、光武帝刘秀都是底层出身，征战数年便取得天下，谈何所谓的十年修政之功呢？"刘珙针锋相对道："正因为汉高祖、光武帝出身社会底层，所以置身不测之危而无所顾忌；当今陛下承担着自太上皇帝、祖宗两百年的宗社基业，背后的负重又岂是汉代这两位皇帝可比的呢？"

虞允文与刘珙的激烈辩论，隐含着他对收复国土、重振宋朝辉煌的积极进取之态度。他的这一态度体现在平日的言谈举止中，为主战派人士所推崇。辛弃疾也将实现抗击金人、收复中原的愿望寄托在虞允文身上。他大胆地向虞允文奉上自己有关"恢复大计"的九项建议，即《九议》。他在《九议》的序言部分就明确表达了自己对虞允文的支持，同时也指出刘珙的偏颇之处：

> 战者天下之危事，恢复国家之大功，而江左所未尝有也。持天下之危事，求未尝有之大功，此搢绅之论，党同伐异，一唱群和，以为不可者欤？于是乎"为国生事"之说起焉，"孤注一掷"之喻出焉，曰"吾爱君，吾不为利"，曰"守成、创业不同，帝王、匹夫异事"。天下未尝战也，彼之说大胜矣；使天下而果战、战而又少负焉，则天下之事将一归乎彼之说，谋者逐，勇者废，天下又将以兵为讳矣，则夫用兵者讳兵之始也。

《九议》在结构上前有引论，后有结论，基本内容与《美芹十论》相似，但论点更集中，分析更全面、深刻，论述也更详尽。总的来说，《九议》的前三部分主要论述了抗金北伐所面临的战略任务，中间三部分指出抗金北伐的战术方法，后三部分分析了抗金北伐的保障问题。针对抗金北伐，辛弃疾提出了具体的建议：

第一，抗金斗争应循序渐进，不可贸然行事，应"知所先后"，而且必须"能任败"。出征前，将领必须有远虑和成算，一旦确定决策，就不可因某一次的胜负而动摇军心。他认为"言和者欲终世而讳兵，论战者欲明白而亟斗"，以及一遇到挫折就轻言放弃的做法，都于大计无益。

第二，应尽量利用敌方的弱点激化其内部矛盾。在金国朝廷内部，"华夷并用而不相安"，对女真皇族而言，"嫡庶交争而不相下"，其戍守中原州郡的军队有很大一部分来自女真以外的其他塞北部族，他们被强制征调而来，"其心亦甚怨而不平"。基于这些弱点，就可以本着"兵法以诈立"和"善为兵者阴谋"的原则，尽可能派遣情报人员运用计谋，"上而攻其腹心之大臣，下则间其州府之兵卒"，从而使其"党与交攻""内变外乱"；同时巧妙使用骄兵之计，继而攻其不备，在交战中占得先机。

第三，为了保证国家的财力足以负担旷日持久的用兵，必须做到未雨绸缪，从"惜费用"和"宽民力"两个方面着手，尽可能减免一切与恢复大计无关的用度。将人力、物力都集中在恢复工作上，关键时刻再取之于民，避免"事方集而财已竭，财已竭而民不堪"的窘境。

第四，抗击敌人，收复国土，并非皇帝和宰相的私事，而是国家和黎民生计的大事，绝不能出于自身利益的考量而逃避。

除了上述几点外，辛弃疾再次强调之前在《美芹十论》中提到过的两件重要事情：一是摒除士大夫之间存在的"东南地薄兵脆""不足以争衡中原"的偏见；二是恢复国土应由沐阳出兵山东，自山东而趋河朔，继而围困燕京。

为了引起虞允文的重视，突出《九议》的战略性，辛弃疾在序言中慷慨陈词：倘若朝廷采纳了他的建议却无法取胜，或者未采纳他的建议而取胜，他都甘愿"请就诛殛以谢天下之妄言者"。然而，他这份倾注了许多心血写成的条陈在虞允文看来并不切合实际，实行起来困难重重，于是将之放置一旁。辛弃疾没有气馁，又针对淮南地区的防务接连两次上疏，强调淮南地理位置的重要性。他在第一份奏疏中指出，只有严守淮南，才能保证长江流域的安全。他还提议说，应当把淮南地带划分为东、西、中三部分，每个部分选择一处军事重镇，使三者彼此提携，攻守相依。

在第二份奏疏中，辛弃疾提出守淮必须依靠民兵。鉴于淮南的战略地位，布以重兵是必然之选。但考虑到淮南民物萧条的现状，倘若布置大量正规军，则"财用之所资给，衣食之所办具"等都难以为继。因此，最妥善的方法是集中淮南当地民户中的近十万壮丁，勤加训练。没有战事时，他们可以回乡耕种，各居本土；一旦战况紧急，各军镇将官分别负责调集，将"老弱、妻子、牛畜、资粮聚之城内"，将器甲分发给壮丁们，让他们在本地区各险要地方分据营寨，"与虏骑互相出没，彼进吾退，彼退吾进，不与之战，务在夺其心而耗其气"。其性质类似于现代战争中的游击战，在最大程度上牵制敌人，同时也为正规军队的攻守争取主动权。淮南民众也不必因战事而颠沛流离、惶惶终日，可谓一举多得。

在写作《九议》时，辛弃疾对北伐的思考远比初归南宋时更成熟、全面和客观。因此，他提出的建议实际上更具针对性，也更加有效可行。倘若说《美芹十论》有理想主义的色彩，那么《九议》则现实而理性，对实际问题的分析也更加透彻准确。他在这篇长文和两份奏疏上倾注的心血和希冀不言而喻，逐字逐句地斟酌，反复修改，尽可能周密详尽地陈述见解。遗憾的是，这些真知灼见依旧没有获得南宋朝廷的关注，也没有得到虞允文的回应。

是啊，南宋朝廷中的和议大势已定，岂会因辛弃疾的几篇长文就改动国策？他胸中熊熊燃烧的那团烈火，又一次被朝廷冰冷的水浇熄了。

兴理滁州

滁州（今安徽省滁州市）与建康西北接壤。滁州城西北有清流山，山上的清流关当众山之缺口，扼江、淮之冲途，是五代晚期赵匡胤攻破南唐军队之地。唐代名相李德裕、北宋名臣欧阳修都曾在此为官。欧阳修还留下了千古名篇《醉翁亭记》，游记开篇直写"环滁皆山也"，滁州四面环山，地势险要，素有"金陵锁钥，江淮保障"之誉。"至于负者歌于途，行者休于树，前者呼，后者应，伛偻提携，往来而不绝者，滁人游也"，从滁州百姓出游的景象窥之，滁州当年的繁华可见一斑。

滁州东境的瓦梁堰是三国时期吴人筑垒抵抗魏兵的地方。女真入侵南宋时，常常先发精兵出濠州（今安徽省滁州市凤阳县）攻破滁州，然后引淮东之兵入寇；退兵时，也是安排驻扎在滁州的人马最后撤退。

结合滁州在历史和现实中的重要作用，辛弃疾在给朝廷的两份防务奏疏中均强调滁州关键的战略位置。但在南宋朝廷看来，滁州早已是荒僻的"极边"，弃之不足惜。乾道八年（1172年）春，朝廷派辛弃疾到滁州担任知州。或许是上苍感知到辛弃疾的一片苦心，又或许是朝廷的有意为之，这一安排令辛弃疾万分欣慰，他期待已久的施展政治抱负的机会终于到来了。

连年战火纷扰，江淮一带早已成为宋、金对峙的前线。滁州多次被金兵攻陷，百姓流离失所，民生遭受重创。原本景色秀美、人繁物富的滁州一片荒凉，以往的城镇不复存在，满眼尽是破败景象。除了战争的破坏，从乾道四年（1168 年）到乾道七年（1171 年），滁州接连遭遇水旱之灾，老百姓颗粒无收、难以果腹。此时的滁州，"周视郛郭，荡然成墟。其民编茅藉苇，侨寄于瓦砾之场。庐宿不修，行者露盖，市无鸡豚，晨夕之须无得"①。城郭破败为墟，老百姓饥寒交迫，只能在废墟上搭棚容身；商贾不至，市场萧条，能够操持旧业的不足原来的一半。

辛弃疾刚到任地，看到民不聊生的状况，不禁忧心忡忡。所谓"为官一任，造福一方"，滁州的条件虽然艰苦，但他义不容辞地挑起这副担子来救困济民、发展经济、整顿兵马，使滁州除了兴盛之外，还要真正恢复战略要地的守备职能。

汉朝初年，因刚刚经历过战争，百业凋零，于是朝廷实行休养生息政策，来减轻农民负担，轻徭役、薄税赋、劝农桑，一系列措施使经济得到恢复和发展；到汉武帝时民富国强，得以远征树威。辛弃疾认为滁州的现状与西汉初年颇为相似，于是吸取前人经验，将恢复经济、谋求发展、充实边防作为施政要务。据《宋史》记载，他在滁州任上宽征薄赋，招流散，教民兵，议屯田，并兴建奠枕楼、繁雄馆等。

辛弃疾首先从减轻百姓的负担着手工作。滁州近十年接连遭遇兵祸和天灾，然而朝廷依旧按原先的标准向这一地区的百姓征收租

① 详见南宋崔敦礼所作《代严子文滁州奠枕楼记》。

赋。百姓若当年未能如数缴纳租赋，所欠数目将并入下一年的租赋内。辛弃疾到任之初，滁州历年积欠的赋税高达五千八百贯，为此他专门上疏《谢免上供钱启》，请求朝廷全数豁免，减轻百姓负担。起初朝廷对他的请求不置可否，经他再三陈请，最终批准了他的请求。

其次是招抚流亡百姓，安定民生。辛弃疾刚刚到任，破败的滁州就迎来时运，从开春便风调雨顺。辛弃疾想办法招徕之前流亡外地的民户，命滁州相关衙门租给他们土地，贷给钱粮，修建房屋；分给流民土地、农具、牧畜、种粮，鼓励他们在滁州安家落户；平时农耕，农闲时则编练民兵，练兵习武。在农业恢复的同时，滁州的人口也逐渐增加，民生渐渐恢复。

再次是恢复商业。在儒家思想的浸染下，封建社会长期重农耕、轻工商，甚至将工商业归为末等。宋朝虽然相对开明，商业较以往有了很大发展，但依旧为士人所低视。辛弃疾虽然也服膺儒家，但在这个问题上却不迂腐。他在恢复农业生产的同时也鼓励发展商业，设法吸引商人到滁州经商，减免商贩们应向官府缴纳的十分之七的税额；还组织民工烧造砖瓦，砍伐木材，雇用工匠，在乱草纵横的街道上建起商铺、客店、酒馆，以方便来往行旅。他将新建的交易市场取名为"繁雄馆"，行商坐贾各得其所，渐次开张，周边地区的商人听说后也纷纷从四面八方向滁州迁徙。

辛弃疾的种种治理举措，使滁州在短时间内重新焕发生机，"流逋四来，商旅毕集，人情愉愉，上下绥泰，乐生兴事，民用富庶"；"城邑清明，闾阎繁夥，荒陋之气，一洗而空"。滁州城里商贾云集，往来行旅络绎不绝，一派欣欣向荣的景象。短短的时间内，曾经的破败之地竟脱胎换骨，再现生机，而彼时在宋金交界处，还有多少百姓流离失所、无依无靠？念及此处，辛弃疾何尝不盼着所有百姓都能远离战乱，安居乐业？他唯有兢兢业业地为民办事，将未能驰骋疆场的报国之志悉数挥洒在治民理政上。所幸在滁州的治理初见成效，他的内心也得到了些许慰藉。

为了让滁州百姓过上更好的生活，也为了展示自己的治理成果，辛弃疾命人在繁雄馆的上坡修建了一座楼，取名为"奠枕楼"。"奠"的本意是置酒食以祭祀，引申为安置、建立。所谓"奠枕"，即安枕以卧，让滁州百姓有一个登楼远眺、共享升平的去处。辛弃疾曾这样解释楼名："吾之名是楼，非以侈防观也，以志夫滁人至是，始有息肩之喜，而吾亦得以偷须臾之安也。"可见，他修建这座楼的主要目的是让滁州人享受歇肩快乐的欣喜，也让自己有休憩安逸的去处，而不是为了游览观赏的奢侈。奠枕楼落成之日，他与当地民众举杯同庆，心情激越地说："如今滁州诸事都平稳运行，农户丰收在望，路边再也看不见饥馁之人，倒塌的房屋也修建一新，百姓各复其业。今日我和父老乡亲们一同登上这高楼远眺，东望瓦梁、清流关，看山川蜿蜒、郁郁葱葱，这层峦叠嶂之美无异于早年欧阳公的醉翁遗风。今日有幸与父老欢聚一堂，我们不醉不归！"在场所有人都纷纷举杯，场面异常热闹。

奠枕楼建成后，辛弃疾"喜其政之成，移书二千里"，依惯例请好友严子文作记。严子文是辛弃疾在建康府任通判时的同僚，两人关系甚好。严子文时任福建市舶使，接到好友来信后表示"是不可不书也"，遂转请平江府府学教授崔敦礼代写了《代严子文滁州奠枕楼记》。另有一篇《奠枕楼记》为辛弃疾的同乡好友周孚所写。这两篇记都记述了辛弃疾在滁州的政绩以及奠枕楼建造的缘由。有人评价，奠枕楼之于辛弃疾，犹如醉翁亭之于欧阳修。奠枕楼落成后，辛弃疾邀请了很多好友前来观赏游玩，带领朋友们登楼望远，游弋赏宴，为他们指点滁州山川，席间他们推杯换盏、相互唱和。

有一次，辛弃疾和朋友们在奠枕楼上欢宴，劲风穿过高楼，将他们的衣摆吹得呼呼作响，疾风中的辛弃疾感觉自己似乎站在苍茫的原野上，豪情万丈。他目光坚定地望向远处，看到欧阳修笔下滁州的幽深静美。尽管《醉翁亭记》中的美景与如今的滁州已不尽相同，但二者都能引人入胜，令观者争相观赏。想到这里，辛弃疾即兴作了一首词：

滁州旅次登奠枕楼作，和李清宇韵。

征埃成阵，行客相逢，都道幻出层楼。指点檐牙高处，浪拥云浮。今年太平万里，罢长淮、千骑临秋。凭栏望，有东南佳气，西北神州。

千古怀嵩人去，应笑我、身在楚尾吴头。看取弓刀，陌上车马如流。从今赏心乐事，剩安排、酒令诗筹。华胥梦①，愿年年、人似旧游。

（辛弃疾《声声慢》）

这首词由登楼有感而发。登高远望，是一片欣欣向荣的景象。上阕描写奠枕楼的宏伟气势及词人登高远眺的所见所感。站在楼上远眺的辛弃疾，一方面仍然对南宋朝廷充满希望，另一方面想到尚未收复的国土则痛心不已，虽然眼下治理滁州颇见成效，但不能因此忘记北伐中原的大业。下阕写看到滁州逐渐重现往日风采后的愉悦心情。"从今赏心乐事，剩安排、酒令诗筹。华胥梦，愿年年、人似旧游"，将辛弃疾无法抑制的喜悦心情淋漓尽致地展现出来。他对自己在滁州为官的所作所为感到满意，并希望滁州能像黄帝梦中的华胥国一般宁静和平。这首词豪放雄伟，起伏跌宕，层次分明，步步深入，是辛弃疾南渡后在抗金前哨的一首重要词作，也表现了他在滁州任上平和务实的心境。

---

① 华胥，传说是伏羲氏的母亲。《列子·黄帝》中记载了黄帝的一个梦，"昼寝，而梦游于华胥氏之国。……其国无帅长，自然而已；其民无嗜欲，自然而已……黄帝既寤，怡然自得"。黄帝梦境中安乐和平的理想国度，后来被许多治国者用来指称治理目标，也作梦境的代称。

怯流年

有人说，世间英雄可以分为两种：一种是完美到极致，天赐英才，终成一番大业；另一种是带着悲壮的底色，命运多舛，空负一身才情却无法得偿所愿。辛弃疾属于后者。

正当辛弃疾在滁州的治绩蒸蒸日上时，从镇江传来了他的岳父范邦彦"卒于官"的噩耗，辛弃疾再次猝不及防地品尝到亲人离世的苦涩。尽管他与范邦彦年纪相差较大，但他们是精神上的知音，人生志向和处世态度都颇有相似之处。如今，范邦彦尚未等到大业告成就溘然而逝，怎能不让辛弃疾痛惜和伤心呢？他一面安抚妻子，一面劝慰自己唯有坚持理想，才不会辜负彼此高山流水般的情意，才能告慰岳父的在天之灵。

短短几年，滁州从破落衰败到繁荣兴盛，只有辛弃疾明白其中的不易。在这个过程中，他还栽培了一众得力助手，他的下属兼知交范倅便是其中之一。范倅时任滁州通判，辅助辛弃疾处理政事，是他可靠的"臂膀"；而且两人志趣相投，平日经常相约交游，互赠诗词，相互慰藉。这年秋天，范倅任期届满，接到了朝廷的新任命，不日便要赴任。辛弃疾为此怅然若失，只得将情结幽思寄予词中。

老来情味减，对别酒、怯流年。况屈指中秋，十分好月，不照人圆。无情水、都不管，共西风、只管送归船。秋晚莼鲈江上，夜深儿女灯前。

征衫，便好去朝天，玉殿正思贤。想夜半承明，留教视草，却遣筹边。长安故人问我，道寻常、泥酒只依然。目断秋霄落雁，醉来时响空弦。

（辛弃疾《木兰花慢·滁州送范倅》）

流年似水，所经之处皆有离别，只不过有的是暂时分别，有的则永远无法再见。尽管这是生命旅途的常态，但当离别真的到来时，依旧难掩伤感和痛苦。惺惺相惜的挚友分别，没有"五里一徘徊"的踟蹰和扭捏，只有几盏浊酒互道珍重。回首这些年，辛弃疾感叹自己老了。一句"老来情味减"浸满多少辛酸和无奈，又隐含了多少悲凉。如李煜"醉拍栏干情味切"的春风得意早已远去，人生行至此处，衰瑟之感渐起，怕听流年更岁之音，恐离别之殇。他端起酒杯，一饮而尽，或许是不忍别离，或许是分别的酒太过浓烈，他的眼中生生沁出泪珠。

美人怕迟暮，英雄恐闲置。想南归之初，自己是那般跃跃欲试，誓要干出一番扭转乾坤的伟业，可叹流年似水，在宦海中浮沉多年依然功业未成。如今，曾并肩奋斗的友人即将离去，他只能在西风中看着故人的船渐行渐远。辛弃疾对范倅寄予殷切的期望，希望他能受到皇帝重用，并热情地鼓励他到前方去筹划军事，充分发挥自身的才能。至于自己，辛弃疾不由得自嘲道："长安故人问我，道寻常、泥酒只依然。"

此时此刻，辛弃疾除了分别的不舍，还有难以言说的苦涩。有家可归是幸福，儿孙绕膝是温暖，平步青云是得意，壮志得酬是圆满，而辛弃疾离这些还远，家乡的炊烟曾无数次萦绕在他的梦中，醒来他仍在异乡为异客。朝廷中枢的大门，曾经向他敞开，不久又无情地紧闭，他的梦从那里萌生，又在那里夭折。尽管如此，他依然坚守在门前，希望自己能进到门内，大展宏图，施展才干……

借着送别的机会，辛弃疾倾吐了自己满腹的忧国之情，在激励友人奋进之时，又宣泄了自己壮志难酬的苦闷，慷慨悲凉之情、磊落不平之气，层见叠出。有人说："人生的宴席一场接着一场，锦灯繁华音袅舞影，却冥冥间笃信自己在赶着自己寂寞的路。"辛弃疾一直在自己的路上，追求而不妄求。在那个时代，无论命运带给他分离、永别，还是用平庸的生活来消磨斗志，他都全盘接受。这一切皆因他心底有希望之光。有人曾说，辛弃疾用戎马一生的梦换得万古流传的词，命运在文学创作上厚待了他。当然，这一命运的馈赠并非辛弃疾内心所愿，他心心念念的是与金人在战场上刀枪相见，与将士们浴血奋战收回失地！怎奈，他并没有如愿以偿。

却喜重寻岭上梅

　　辛弃疾在滁州的出色政绩逐渐为朝廷所知并受到关注，为表彰他治理有方，乾道九年（1173 年）冬，朝廷任命他为江东安抚司参议官。江东是江南东路的简称，辖现在的浙江省、江苏省的长江以南地区以及江西省东部地区，首府设在建康。参议官是安抚司的幕僚，不仅可以直接进入帅府参与谋议，而且能够参领军中机务。对辛弃疾来说，能直接参与治军防务是一大喜事。尽管没有实现亲临战场厮杀的心愿，但这是他归宋以来第一次正式参与军事谋论，与他日思夜想的战场更近了一步。

　　建康留给辛弃疾的最深印象，莫过于赏心亭。乾道四年（1168年），他被朝廷派到建康府担任通判，负责与领兵打仗无关的文职工作。当时为排解心中苦闷，他经常到赏心亭去散心，并在那里写下了著名的《念奴娇》名篇，发出"宝镜难寻，碧云将暮，谁劝杯中绿"的感慨。如今故地重游，他难抑内心的波澜。相比六年前，如今的他更加成熟、自信，也更加坚定。他希望能将自己的北伐志向落实在稳固国防上。他操练军队，厉兵秣马，待万事俱备，一举定乾坤。怀着这样的心绪，辛弃疾再次感时抒怀，写下了《水龙吟·登建康赏心亭》：

楚天千里清秋，水随天去秋无际。遥岑远目，献愁供恨，玉簪螺髻。落日楼头，断鸿声里，江南游子。把吴钩看了，栏干拍遍，无人会，登临意。

休说鲈鱼堪脍，尽西风，季鹰归未？求田问舍，怕应羞见，刘郎才气。可惜流年，忧愁风雨，树犹如此！倩何人、唤取，红巾翠袖，揾英雄泪。

（辛弃疾《水龙吟·登建康赏心亭》）

这首词是辛弃疾词作中最负盛名的一篇，豪而不放，壮中见悲，沉郁顿挫。上阕以无际楚天与滚滚长江作背景，境界阔大，触发了家国之恨和乡关之思。"清秋"为全词定下基调。他登高所见，水天无际，故乡遥不可及；山峦起伏，平添几分忧愁；鸿雁南飞，声声呼唤着他乡的游子。辛弃疾虽南归十余载，却始终认同自己是北方人，如今只是暂时客居江南，待他日收复中原，一定还会重返故乡。夕阳快要西沉，孤雁的声声哀鸣不时传到赏心亭来，让辛弃疾心里悲痛如泣血，沦陷敌手的故乡啊，何日才是你的归期？他看着自己腰间佩带的宝刀，心想如果不能用来杀敌卫国，再锋利又有何用？想到这里，他悲愤地拍打着亭子上的栏杆。可是有谁能体会他此刻的心情呢？纵把"栏干拍遍"，杀敌报国的雄心壮志依然无处施展，胸中的悲愤只能强压下去。

下阕借用典故表明他以天下为己任的抱负。"休说鲈鱼堪脍，尽西风，季鹰归未"引用了一个典故：西晋张翰，字季鹰，在洛阳为官，见秋风起，想到家乡苏州的美味鲈鱼，便弃官回乡。如今又逢深秋，连大雁都知道寻踪飞回旧地，何况漂泊江南的游子？辛弃疾用季鹰的典故，将思乡之情溢于言表。"求田问舍，怕应羞见，刘郎才气"也用了典故。三国时，许汜去看望陈登，陈登对他很冷淡，独自睡在大床上，叫他睡下床。许汜便去询问刘备，刘备说："如今天下大乱，帝王失所，你不能忧国忧民，反而向陈登提出田地屋舍的要求，他怎能不反感呢?"辛弃疾以此吐露自己虽有归隐之意，但国耻未雪，又岂能逃避责任，只顾求田问舍?"可惜流年，忧愁风雨，树犹如此"也巧用典故，据《世说新语·言语》记载，桓温北征，经过金城，看到自己过去种的柳树已长到几围粗，便感叹树木都已长得如此高大，人又怎能不老呢?辛弃疾感念年岁渐增，恐再闲置便无力为国效命疆场。他的感情如潮水般层层推进，不断拍打愁闷的内心。

辛弃疾在这首词中对各朝各代的典故信手拈来，如排兵布阵一般，鲜明地点出整首词的意境，让人尽解其中深意。他借典故寄托愁肠，往事袭上心头，国家局势晦暗不明，朝廷再三错失良机，仁人志士怎能不忧心如焚?凡欲成国之大业，必须举国一心，上下同德，才能达成。当时主政的大臣并不怎么了解金国局势，对敌人缺乏足够的认识。他们抗拒战争，宁愿守着一时安宁，也不肯振臂高呼。如今，孤独既久的辛弃疾在建康孑然一身，天地虽广，却不曾传来期盼之音。正如《稼轩词编年笺注》中所说，辛弃疾在南归之初，前途功业不好揣度，之后他反复沉滞下僚，满腹经纶迄无所用，迨重至建康，登高眺远，胸中积郁乃不能不一吐为快矣。

唯一让辛弃疾感到欣慰的是，江东安抚使叶衡是他的故友。叶衡，字孟锡，是一位才华横溢的政治家。早年辛弃疾担任建康通判时，两人相识，叶衡十分赏识辛弃疾的为人和才华。此次辛弃疾重回建康任职，也离不开叶衡的推荐。他们二人多有诗词往来，如《菩萨蛮·赏心亭为叶丞相赋》：

青山欲共高人语，联翩万马来无数。烟雨却低回，望来终不来。
人言头上发，总向愁中白。拍手笑沙鸥，一身都是愁。

（辛弃疾《菩萨蛮·赏心亭为叶丞相赋》）

遗憾的是，淳熙元年（1174 年）二月，左丞相虞允文离世。不久，右丞相曾怀又被罢免，朝廷于这年冬天急召叶衡入朝为相。叶衡走后，辛弃疾惆怅不已，独自来到蒋山，写下《一剪梅·游蒋山呈叶丞相》。蒋山便是钟山，叶衡与辛弃疾以前经常来这里游赏。

独立苍茫醉不归。日暮天寒，归去来今。探梅踏雪几何时。今我来思，杨柳依依。

白石江头曲岸西。一片闲愁，芳草萋萋。多情山鸟不须啼。桃李无言，下自成蹊。

（辛弃疾《一剪梅·游蒋山呈叶丞相》）

辛弃疾作这首词时引用了很多前人的语句，虽是随手拿来却自然妥帖，毫不做作。对他来说，叶衡是难得的知己。现在两人分离两地，他内心的失落和怅然可想而知。而叶衡也没有辜负辛弃疾这样一番情义的寄托，更没有忘记辛弃疾的抱负。他时刻不忘寻找机会向宋孝宗推荐辛弃疾，终于有一次点评官员时，他说辛弃疾"慷慨有大略"，并将其在滁州等地的政绩向宋孝宗做了简述。

不出所料，叶衡的极力推荐起了作用。辛弃疾再次受到宋孝宗的召见，被调任为仓部郎官，参掌国家仓庾储积及给受之事。这次升迁在一定程度上表示朝廷肯定了辛弃疾多年来的作为。但没过多久，他又一次接到调令。这一次，他终于有机会再持金戈，重回沙场。

铁腕平乱

　　茶业在中国有着悠久的种植历史，可以追溯到公元七八世纪。唐代，上到皇亲贵胄，下至黎民百姓，都将饮茶作为生活中的一个重要内容。茶树种植、茶叶加工、茶品销售渐渐发展为庞大的产业，并辐射到周边国家。古代，朝廷赋税的来源除了农业，主要集中在盐、酒、铁等与国计民生相关的产品上。因此，茶业渐成规模后，朝廷就将它纳入税源，开始向种茶的农户尤其是卖茶的商人征收茶税。

　　至北宋，茶税已经成为朝廷税收的一项重要来源。北宋中期以后，朝廷财政陷入困境，甚至入不敷出。宋神宗时启用王安石变法，试图改善财政状况，但最终未能成功。北宋末年蔡京为相，加大对百姓的盘剥，茶业成为朝廷开源增收的重要渠道。蔡京将之前抽取茶税的做法改为国家垄断茶业，地方百姓要经营茶业需持有官府发放的茶业经营许可证明，即"长短引法"，凭借它到茶农处收购茶叶，然后将收购的茶叶送到官府验证，获得批准文书后才能进入市场售卖。这项改革不仅使朝廷加强了对茶叶流通的管控，还能控制茶叶的价格，从而大大增加税收来源。仅蔡京为相期间，朝廷每年征收的茶税就高达四百多万贯。

中国的茶叶产地，主要集中在淮水以南和长江流域。南宋偏安于东南，尽管失去了对淮水以北广大地区的控制，但茶叶的主产区依旧在其统辖区内。因此，南宋朝廷每年征收的茶税并不比北宋时期少。而历来淮河以北地区农业生产发达，南宋的农业税收因此锐减，加之连年征战，劳军费用庞大，财政逐渐陷入窘境。为了维持统治，南宋朝廷不得不继续在茶业上下功夫，专营茶业，并且不断加重茶税，从茶商身上榨取利润。

为了应对朝廷的茶税，茶商们哄抬茶叶价格，导致百姓怨声载道。茶叶虚高的市场价格与收购价格相差巨大，使一些茶商动了投机的念头，贩运私茶的行业悄然兴起。每逢茶叶长成，贩运私茶的人便暗地里从茶农手里大量批买，逃避茶税，再将茶叶以远低于市价的价格销往各地，由此给朝廷税收带来了巨大冲击。为了杜绝贩运私茶这一现象，朝廷下发了极为严苛的禁令。无利可图的茶贩们开始铤而走险，不惜与朝廷对抗。他们成群结伙，甚至挟持兵仗，在防守力量薄弱的关津镇戍之地强行贩私。一旦遇到官府阻止，他们就进行武装反抗。如此一来，官府与茶贩之间的矛盾越积越深。

淳熙二年（1175年）四月，大规模的武装冲突终于爆发了。一些贩卖私茶的商人推举赖文政为首领，集结四百多人，组建了一支武装队伍，从湖北的荆南地区向湖南进发，又转战江西、广东，沿途接连击败南宋官兵，最后盘踞在江南西路境内。江西多山，地势便于隐蔽和流动作战，这只武装队伍便暂时驻扎在那里，成员也达到八百余人。

茶贩武装起事，虽然出发点是为了谋私利，但也是朝廷税政严苛的后果。朝廷将他们称之为"茶寇"。为了平乱，朝廷恩威并施，先派江州都统皇甫倜前去招安，没能成功；后又派江南西路兵马总管贾和仲率兵讨伐，贾和仲轻敌冒进，进入山区溪谷后遭遇伏击，大败而归，后被撤职，江南西路的安抚使汪大猷也因玩忽职守而被降职。

茶商军已然成为南宋朝廷的心腹大患，究竟谁能担当起平定茶寇的重任呢？新晋宰相叶衡向宋孝宗保荐了辛弃疾，说辛弃疾早年参加过农民起义，深知这类组织的特点，并且还上过《美芹十论》《九议》等防务奏疏，军事造诣颇深，可堪大任。于是，宋孝宗命辛弃疾"为江西提刑，节制诸军，讨捕茶寇"。

淳熙二年（1175年）初秋，辛弃疾离开京师，迁升江南西路提点刑狱使，简称江西提刑。这次调任使辛弃疾心情颇为畅快，尤其想到可以再度披挂战袍，他对未来充满了期待。

造物故豪纵，千里玉鸾飞。等闲更把，万斛琼粉盖颇黎。好卷垂虹千丈，只放冰壶一色，云海路应迷。老子旧游处，回首梦耶非。

谪仙人，鸥鸟伴，两忘机。掀髯把酒一笑，诗在片帆西。寄语烟波旧侣，闻道莼鲈正美，休制芰荷衣。上界足官府，汗漫与君期。

（辛弃疾《水调歌头·和王正之右司吴江观雪见寄》）

这一年，右司员外郎王正之遭贬，辛弃疾写下此词宽慰他。词中不见颓废、忧伤之态，反而充满豪情，斗志昂扬，足见辛弃疾此时志得意满的状态。然而，平寇并非易事。到任后，他首先调集赣州、吉州以及湖南郴州等地的乡兵和弓箭手，筛选出精干的壮士派往各个阵地。接着，他又在茶商军较为集中的安福、永新、萍乡等地征调熟悉当地环境的士绅，令其各率所部乡丁，深入山中剿捕。

辛弃疾连日"从事于兵车羽檄之间",精力充沛,"略无少暇"。经过多日的部署,各要冲之地均有官兵扼守,山谷深邃处也有乡兵深入,此外还有后续增援军队。茶商军原以为在竹丛树林密布之地可以抵挡官军的弓矢,给官军造成天然障碍,但在辛弃疾的多方军事布置下,这些优势逐渐丧失,茶商军的处境愈发艰难起来。辛弃疾审时度势,不失时机地选派兴国县尉黄倬去招安诱降。赖文政见茶商军败局已定,便亲自到辛弃疾处投降。辛弃疾将他押解到江州(今江西省九江市)问斩,以警示州内百姓。之后茶商军残部被官军收押,一部分被编入鄂州都统制皇甫倜的部队,其余则被遣送回家。

　　此次剿灭茶寇,辛弃疾使用雷霆手段镇压,彰显出他非同一般的军事才能。到这年闰九月,茶寇之患被彻底荡除。

　　既为人臣,就必须为君分忧,但辛弃疾想要的征战沙场,显然不是镇压被官府严苛的税政逼迫起事的茶商,而是抵抗侵略、收复中原,所以当他回头再看此事,心里不禁涌起一股难以言喻的悲哀。

遍历楚山川

剿灭茶商军后，宋孝宗与宰辅大臣们商议对立功和失职的官员进行奖惩。宋孝宗打算对有功之臣进行大范围的封赏，却遭到一些大臣的反对。他们认为大范围的封赏会使本就吃紧的财政更加窘迫，宋孝宗只得作罢，但仍坚持要给辛弃疾封赏，认为辛弃疾捕寇有方，当议优与职名，以示激劝。于是，在江西提刑的官职以外，又赏给一个荣誉官职——秘阁修撰。此后，辛弃疾得以真正履行提刑职责，如审问囚徒、详复案牍、巡视州县、刺举官吏等。

江西提刑驻节赣州，其西北有一座平地凸起的小山，名为郁孤台。郁孤台隆起平地数丈，孤崛而立，襟带千里山河。赣江又名清江，从郁孤台下缓缓北流，注入鄱阳湖。在郁孤台下、赣江之畔，有一处名为造口的渡口。

南宋初年金兵大举南犯时，大批江淮百姓逃向江西境内的吉州、赣州等地，南宋朝廷也派兵护送一部分皇室宗亲向赣州转移。金兵进军迅速，很快就冲进吉州境内，当地百姓和外来难民苦不堪言。

据说当时流亡的皇室中还有隆佑太后，他们一行流亡江西时，遭到金兵追赶，到造口后情急之下弃船上岸，在当地乡兵的协助下，藏匿于百姓家才侥幸脱险。

时隔四十七年，辛弃疾途经造口，当年战争遗留的破败景象仍随处可见。面对不舍昼夜、滚滚而逝的赣江水，辛弃疾百感交集，心情久久不能平复。在复杂的心绪之下，他在造口的一处石壁上写道：

郁孤台下清江水，中间多少行人泪。西北是长安，可怜无数山。青山遮不住，毕竟江流去。江晚正愁予，山深闻鹧鸪。

（辛弃疾《菩萨蛮·书江西造口壁》）

菩萨蛮原为唐教坊曲名，后成为词调名，属小令，多被人用来书写儿女柔情。但辛弃疾却写出一曲深沉之作，意境宽阔，以极高明的比兴手法，表达了蕴藉深沉的爱国情思。"青山遮不住，毕竟江流去"，化自南唐后主李煜的词作："问君能有几多愁，恰似一江春水向东流"。辛弃疾反用青山亦难为，行人之苦泪亦东流，对故地的无限悲思让人伤怀。天色渐渐暗沉，愁绪却一点点滋生，幽寂无声的深山中突然传来鹧鸪嘶哑的鸣叫声，岂能不哀愁？后世有人评说，辛弃疾作这首词时已经预感到北地恢复无望。

辛弃疾的毕生志愿就是北伐中原，恢复大宋江山的统一。他有将相之才却无用武之地，无论何时何地，经受的种种物象都会激发他的报国之志和悲愤之情。想起从前金兵肆虐、百姓受苦的情景，他满怀忧伤。今日中原仍未收复，举头眺望，视线却被青山遮断；浩浩荡荡的江水冲破重重阻碍，奔腾向前，而他却一直在原地打转。他借眼前实景暗喻自己百折不回的意志，也表达了矢志不渝的决心和信心。梁启超读此词后大加赞叹："如此大声镗鞳，未曾有也。"辛弃疾借山水抒怨，将家仇国恨放之四海引出无尽长叹。

淳熙三年（1176 年）秋冬交际之时，辛弃疾由江西提刑调任京西路转运判官，立即赶赴襄阳就职。京西南路辖襄阳府及七州一军，属抗金前线。转运判官负责该路的财赋，虽然和提刑级别一样，但在战时显然更为重要。辛弃疾在这个职位上还未待满半年，次年春又被朝廷改派知江陵府（今湖北省荆州市），兼荆湖北路安抚使，集荆湖北路军政大权于一身，成为最高级别的地方官。

这年冬季，江陵驻军中的统制官率逢原纵容部下殴打当地百姓。辛弃疾虽然掌管军务，却没有权力处置军中将领，只能上疏论奏此事，说明事情起因，请求朝廷严惩率逢原及其部下。率逢原见势不妙，赶忙打通朝廷关节，所以辛弃疾的奏章送至朝廷后，不仅未被采纳，反而被朝廷以帅守与驻军不能协同为由，将辛弃疾调到隆兴府（今江西省南昌市）知府兼江南西路安抚使。三个月后，淳熙五年（1178年）暮春，辛弃疾又被召回临安任大理寺少卿。

每一个地方，每一个官职，都如走马灯一样，匆匆来去。辛弃疾深感辗转离别之苦，更愤懑于难有建树。当他被调任大理寺少卿离开南昌时，忍不住以词抒发内心感慨：

聚散匆匆不偶然，二年遍历楚山川。但将痛饮酬风月，莫放离歌入管弦。

萦绿带，点青钱，东湖春水碧连天。明朝放我东归去，后夜相思月满船。

（辛弃疾《鹧鸪天·离豫章别司马汉章大监》）

在隆兴的饯行宴上，几位同僚前来相送，席间大家觥筹交错，畅谈天下事，也感慨朝廷派系斗争，人事盘根错节，在场之人莫不唏嘘。其中一个叫司马汉章的同僚有感而发，赋吟一首《水调歌头》。百感交集的辛弃疾亦作词和之：

　　我饮不须劝，正怕酒尊空。别离亦复何恨，此别恨匆匆。头上貂蝉贵客，花外麒麟高冢，人世竟谁雄。一笑出门去，千里落花风。

　　孙刘辈，能使我，不为公。余发种种如是，此事付渠侬。但觉平生湖海，除了醉吟风月，此外百无功。毫发皆帝力，更乞鉴湖东。

（辛弃疾《水调歌头》）

　　上阕开篇"我饮不须劝，正怕酒尊空"，豪情满溢的起句包藏万有之力，从眼前钱别之情切入，点出别恨匆匆的遗憾，为进一步抒发人生忧思铺垫。接着，以旁观者的洞明豁达暗讽充满人事倾轧的朝廷，显示出辛弃疾不同流俗的思想境界。"一笑出门去"虽是借用李白"仰天大笑出门去，我辈岂是蓬蒿人"的诗句，但用典浑化无迹，无比自然。下阕顺承上文主旨，借古讽今，有力抨击了庸俗世风。辛弃疾心怀壮志，怎奈生不逢时，他人都为权势用尽心机，但他仍明确表示自己只忠于皇上，不会依附权贵。

　　相比在建康时与赵彦端、史致道、叶衡等人的唱和之作，此词难掩辛弃疾踌躇满志的意态，几年的仕途顺利使他对恢复大计满怀期待，心境变得旷达起来。

　　大理寺掌管国家刑狱案件审理，是宋朝最高司法机构。少卿是大理寺副职，正四品。尽管调动频繁，却意味着升迁速度较快。短短几年时间，辛弃疾从一名微不足道的仓部郎官晋升为朝中大员，遭到一些人的嫉恨。在那时，像辛弃疾这样的归正人在南宋朝廷很难获得信任和重用。大部分官员生长在南方或者在南宋早期就随宋廷南渡，他们习惯于戴着有色眼镜看待归正人。辛弃疾凭借自己的能力冲破这一藩篱，受到皇帝赏识，成为独当一面的地方大员。加之他个性坚毅、不畏权势，无形中又招来朝中一些官员的仇视。这也是他几年内频繁更换官职的原因之一。

辛弃疾在大理寺少卿的职位上没多久，于淳熙五年（1178 年）夏秋之交又被调任荆湖北路转运副使。与以往外任不同，此次被任命为转运副使，使辛弃疾心中隐隐感到不安。早先他曾被任命为安抚使，转运副使与安抚使之间虽然并无隶属关系，但安抚使号称帅臣，其重要性不言而喻。这样的调度，很难让人不怀疑其中是否存有内情。

从临安出发，辛弃疾沿水路溯江而上，从吴中、扬州、建康前往湖北。他用词作来记录沿途的风景和心情：

江行，和杨济翁韵。

过眼溪山，怪都似、旧时曾识。是梦里、寻常行遍，江南江北。佳处径须携杖去，能消几两平生屐。笑尘埃、三十九年非，长为客。

吴楚地，东南坼。英雄事，曹刘敌。被西风吹尽，了无陈迹。楼观才成人已去，旌旗未卷头先白。叹人间、哀乐转相寻，今犹昔。

（辛弃疾《满江红》）

这首词实际上是辛弃疾写给杨济翁、周显先的短信。杨济翁，诗人杨万里的族弟，周显先则是东南一带的名士，他们与辛弃疾友情深厚，都有很多唱和往来的诗词。当时船行至扬州，与京口仅一江之隔，辛弃疾在京口时常眺望扬州，期待有一天能实现恢复大计。如今路过扬州，忆起年轻时的意气风发、血气方刚，联想到这几年的奔波辗转，他心生感慨，遂作此词。词中"旌旗未卷头先白"的牢骚，隐约反映出他低落消沉的心情。

船行至建康，路过采石矶时，辛弃疾不由自主地想起虞允文。虞允文曾在采石矶击败完颜亮，守住大宋半壁江山。四年前，虞允文积劳成疾，在四川任上去世。往事一幕幕尽在眼前，而斯人已逝，他只能故作旷达来开解自己心中的苦闷。

江行采石岸，戏作渔父词。

千丈悬崖削翠，一川落日镕金。白鸥来往本无心，选甚风波一任。

别浦鱼肥堪脍，前村酒美重斟。千年往事已沉沉，闲管兴亡则甚？

（辛弃疾《西江月·渔父词》）

辛弃疾在此借渔父不问国家兴亡之意，劝慰自己及时行乐，莫再管什么为官一任、国家兴亡，曲折地表达了他壮志难酬的悲愤与无奈。历代往事在时间长河中沉淀，那时的兴亡盛衰于今人而言遥不可及，不妨享受当下的快慰人生！

面对频繁辗转的仕宦生涯，辛弃疾既厌倦又迷茫，他一度想要就此归去，畅游名山大川。然而，真要他放弃，却做不到，毕竟大业未成，家国责任在身，岂容自己偷闲，只有坚持和忍耐。

在荆湖北路转运副使任上半年后，辛弃疾旋又改任荆湖南路转运副使。行前，接替他的同僚王正之在山亭摆下酒席为他送别，辛弃疾触景生情，作词抒写了长期积郁于胸的苦闷之情。

淳熙己亥，自湖北漕移湖南，同官王正之置酒小山亭，为赋。

更能消、几番风雨。匆匆春又归去。惜春长怕花开早，何况落红无数。春且住，见说道、天涯芳草迷归路。怨春不语。算只有殷勤，画檐蛛网，尽日惹飞絮。

长门事，准拟佳期又误。蛾眉曾有人妒。千金纵买相如赋，脉脉此情谁诉？君莫舞，君不见、玉环飞燕皆尘土！闲愁最苦。休去倚危栏，斜阳正在，烟柳断肠处。

（辛弃疾《摸鱼儿》）

　　这首词表面上是写失宠女人的苦闷，实际上是在抒发辛弃疾对国事的忧虑及屡遭排挤打击的沉重心情。上阕写惜春、怨春、留春的复杂情感，借伤春叹时局。"蛾眉曾有人妒"，辛弃疾将自己比作美女，遭到旁人的嫉妒和中伤。他引用汉代陈皇后的典故来代指个人际遇。陈阿娇是汉武帝的皇后，早期颇得宠爱，后来失宠，被幽闭于长门宫。陈皇后托人找到当时最负盛名的辞赋家司马相如，重金请他作《长门赋》，并将之呈送汉武帝，倾诉自己的苦闷和愁绪。辛弃疾以幽闭的陈皇后自比，诉说自己虽忠而见疑，屡遭谗毁，不得重用、壮志难酬的不幸遭遇。"玉环飞燕皆尘土"，看似超脱，不与时势计较，但"闲愁最苦"却直观暴露出辛弃疾内心深处难以排解的苦楚。

　　南归已然十七载，岁月更迭之际，辛弃疾与自己的梦想却渐行渐远，他怎能不苦闷伤感！尤其是近两年，他走马灯似的在湘赣各处担任官职，旁人不明就里，以为他蒙受浩瀚天恩才得以四处转调，而个中苦涩与无奈恐怕只有他自己才明白。他逐渐参透世间无常的道理，劝说自己学会放下，从而减轻痛苦的煎熬。只是这些自我劝说根本无济于事，即便时常遭遇心灰意冷，他仍无法斩断心中的信念。不管个人遭遇如何，复国都是他不变的梦想。

第五章

治国安民：无人会，登临意

辛弃疾在两湖地区任职期间，接连处理了平民武装暴动、军队重建、赈灾救荒等重大事件，为朝廷平息民怨、解围纾困，使社会重归安宁稳定。他不卑不亢、恩威并施，在地方上树立了崇高的威信。但在南宋防微杜渐、重文轻武的大环境下，他的从政之路越发坎坷，嫉恨他的官员逐渐增多，流言蜚语紧随其后。

上陈湘潭疾苦

与湖北相比，湖南山多地少，人口稠密，当地民族矛盾、门户矛盾根深蒂固，日渐凋敝的民生更让百姓的生活雪上加霜。当地的穷苦百姓务农采桑被地主豪强压榨、行商走街遭到奸商劣绅敲诈，还要缴纳名目繁多的苛捐杂税。在湖南官府和地主豪强的联合压榨下，百姓苦不堪言，不得不各谋出路，有卖身为奴的，有逃亡外省的，还有落草为寇的。

自乾道元年（1165 年）开始，湖南地区接连爆发数次武装暴动。当时官府强制派销乳香，程限急促，导致郴州宜章县吏黄谷与射士李金集结当地数以万计的峒民起义反抗，甚至一度攻占了桂阳军城。乾道三年（1167 年），姚明敖带领湖南境内的溪峒诸族众人武装起事。淳熙二年（1175 年），茶商军在湖南各地活动。淳熙六年（1179 年）初，由于地方官府推行和籴①不当，激发了以连州的

---

① 和籴是北魏至明清时期朝廷强制收购民间粮食的官买制度。北魏至中唐，和籴有聚米备荒、赈济灾民之意。中唐以后，强制配购性质渐浓。至宋代，成为括粮养兵的重要手段。宋初，狭义的和籴特指朝廷以现钱收购粮食，广义的和籴则包罗各种籴买方式。

李晞和郴州的陈峒为首的暴动。同年夏，广西陆川的李接因不堪重税，聚众反抗……接连不断的起义事件，让南宋朝廷颇为忌惮。

湖南百姓的惨状，辛弃疾早有耳闻。上任后，他花费大量时间走访民间，发现实际情况比听说的有过之而无不及。整个湘潭遍布匪寇，官军随处可见，田地荒芜，无人耕种，百姓流离失所。但那些官老爷们对此视而不见，依旧极尽盘剥和压榨之能事。湖南官场如此沦丧道德的做法，让辛弃疾寝食难安。七月末，一封辛弃疾落款署名、直接呈递皇帝的奏章连夜飞赴临安，这就是辛弃疾的《论盗贼札子》：

臣窃惟方今朝廷清明，法令备具，虽四方万里之远，涵泳德泽如在畿甸。宜乎盗贼不作，兵寝刑措，少副陛下厉精求治之意。而比年以来，李金、赖文政、姚明教、陈子明之变，皆能攘臂一呼，聚众千百，杀掠吏民，死且不顾，重烦大兵翦灭而后已，是岂理所当然者哉？臣窃伏思念，以为实臣等辈分阃持节、居官亡状，不能奉行三尺，斥去贪浊，宣布德意，牧养小民，孤负陛下使令之所致。责之臣辈，不敢逃罪。

臣闻唐太宗与群臣论盗，或请重法以禁，太宗哂之曰："民之所以为盗者，由赋繁役重，官吏贪求，饥寒切身，故不暇顾廉耻尔。当轻徭薄赋，选用廉吏，使民衣食有余，则自不为盗，安用重法耶。"大哉斯言。其后海内升平，路不拾遗，外户不闭，卒致贞观之治。以是言之，罪在臣辈，将何所逃。

臣姑以湖南一路言之。自臣到任之初，见百姓遮道，自言嗷嗷困苦之状。臣以谓斯民无所诉，不去为盗，将安之乎。臣一一按奏，所谓"诛之则不可胜诛"。臣试为陛下言其略：

陛下不许多取百姓斗面米，今有一岁所取反数倍于前者；陛下不许将百姓租米折纳见钱；今有一石折纳至三倍者；并耗言之，横敛可知。陛下不许科罚人户钱贯，今则有旬日之间追二三千户而科罚者；又有已纳足租税而复科纳者，有已纳足、复纳足、又诬以违限而科罚者，有违法科卖醋钱、写状纸、由子、户帖之属，其钱不可胜计者。军兴之际，又有非军行处所，公然分上中下户而科钱、每都保至数百千；有以贱价抑买、贵价抑卖百姓之物，使之破荡家业、自缢而死者，有二三月间便催夏税钱者。其他暴征苛敛，不可胜数。

然此特官府聚敛之弊尔。流弊之极，又有甚者。

州以趣办财赋为急，县有残民害物之政而州不敢问；县以并缘科敛为急，吏有残民害物之状而县不敢问；吏以取乞货赂为急，豪民大姓有残民害物之罪而吏不敢问。故田野之民，郡以聚敛害之，县以科率害之，吏以取乞害之，豪民大姓以兼并害之，而又盗贼以剽杀攘夺害之，臣以谓"不去为盗，将安之乎"，正谓是耳。

且近年以来，年谷屡丰，粒米狼戾，而盗贼不禁乃如此，一有水旱乘之，臣知其弊有不可胜言者。

民者国之根本，而贪浊之吏迫使为盗，今年剿除，明年扫荡，譬之木焉，日刻月削，不损则折。臣不胜忧国之心，实有私忧过计者，欲望陛下深思致盗之由，讲求弭盗之术，无恃其有平盗之兵也。

臣孤危一身久矣，荷陛下保全，事有可为，杀身不顾。况陛下付臣以按察之权，责臣以澄清之任，封部之内，吏有贪浊，职所当问，其敢瘝旷以负恩遇！自今贪浊之吏，臣当不畏强御，次第按奏，以俟明究，庶几荒遐远徼，民得更生，盗贼衰息，以助成朝廷胜残去杀之治。但臣生平则刚拙自信，年来不为众人所容，顾恐言未脱口而祸不旋踵，使他日任陛下远方耳目之寄者，指臣为戒，不敢按吏，以养成盗贼之祸，为可虑耳。

伏望朝廷先以臣今所奏，申敕本路州县：自今以始，洗心革面，皆以惠养元元为意，有违弃法度、贪冒亡厌者，使诸司各扬其职，无徒取小吏按举，以应故事，且自为文过之地而已也。臣不胜幸甚。

辛弃疾开篇即直言民间强盗层出的直接原因：民众有苦无处诉，不得已为盗。接着，他列举了种种官吏不作为，甚至残害百姓的现象。地方官吏欺下瞒上，巧立名目，强买强卖，横征暴敛，手段百出。上有政策，下有对策，即便上级官府发现有侵害百姓利益的问题，也是睁一只眼闭一只眼，任其发展。这正是让老百姓走投无路、起而反之之根源！曾以武力剿灭茶商军的辛弃疾很清楚，武装镇压只是治标之策，假以时日，矛盾将被无限激化，最终动摇国家之根本。

那么，何为"弭盗之术"？如何从根本上消除"盗贼"之患？辛弃疾认为，关键在于有关各司工于其职，对违法贪腐行为严加惩治，不要心存侥幸，也不能得过且过，更不能讳疾忌医，藏匿过错。通过整顿吏治达到治政、治民的目的，从而消除社会动荡因素。然而，涉及官员治理问题，势必会得罪人。辛弃疾深知自己已在朝中树敌颇多，幸得宋孝宗信任才得以保全。但为了上报国家、下安黎庶，他毅然向宋孝宗请缨，决心在湖南肃清官场弊病，严惩贪浊。

宋孝宗一直认为湖南的平寇卓有成效，看到辛弃疾的奏折后才发现湖南的吏治竟如此糟糕，于是勒令将辛弃疾的札子下发诸路，由湖南推及全国，让监司帅臣遵守施行。可以说，这是一场由辛弃疾引发的官场地震，震中就在湖南，强烈的震动波及各路帅臣监司，影响了一大批官员的利益。

在当时，许多官吏都假装无视湖南的这些问题，唯独辛弃疾站出来捅了这个"马蜂窝"。他这种"众人皆醉我独醒"的做法，使他逐渐走上了一条崎岖险要甚至形单影只的道路。

整顿吏治，建飞虎军

淳熙六年（1179 年）秋，宋孝宗将湖南原帅臣王佐调离，任命辛弃疾知潭州府（今湖南省长沙市）兼荆湖南路安抚使。他还特意给辛弃疾下达御笔，鼓励他大胆剔除吏治弊病："凡所言在已病之后而不能防于未然之前，其原盖有三焉：官吏贪求而帅臣、监司不能按察，一也；方盗贼窃发，其初甚微，而帅臣、监司漫不知之，坐待猖獗，二也；当无事时，武备不修，务为因循，将兵不练，例皆占破，才闻啸聚，而帅臣、监司仓皇失措，三也。夫国家张官置吏，当如是乎？且官吏贪求，自有常宪，无贤不肖皆共知之，亦岂特喋喋申谕之耶？今已除卿帅湖南，宜体此意，行其所知，无惮豪强之吏，当具以闻。朕言不再，第有诛赏而已。"

有了宋孝宗的支持，辛弃疾信心十足。他惩治贪官污吏毫不手软，该杀的杀，该免的免。如桂阳军赵善珏散失军械，贪污侵占百姓租赋，被辛弃疾奏请罢免；其余各级官吏，因故被惩处的不计其数。

这一年湖南秋收惨淡，次年春季极有可能闹饥荒。辛弃疾在次年初就奏请朝廷募工浚筑陂塘，并动用本路各州官仓的米粮赈济百姓。这样，既能使官米真正被百姓所食用，陂塘修成后也有利于农作，一举两得。

辛弃疾还设法解决乡绅豪强的问题。当时湖南境内，从潭州到郴州、连州、道州、桂阳军等地，素有名为乡社的武装组织，规模不同，大到几百户，小到两三百家。它们有的叫弹压社，有的叫缉捕社，其首领大多是一乡的豪绅。乡社打着维护地方治安的旗号，对老百姓进行欺压和盘剥。各州县推行政令时，经常遭遇这类乡社的抵制，导致政令无法贯彻，甚至出现武装对抗的恶劣现象。以往因为地方官吏与豪绅之间错综勾连的关系，他们相互利用、包庇，导致乡社更加肆无忌惮、为所欲为。

朝廷中不少曾在湖南地方任职的有识之士已经意识到乡社的危害，先后提出许多整编甚至取缔的意见。辛弃疾认为这些处理办法不可行，因为当地很多百姓常年居住在深山穷谷中，官府很难管理到位，这就需要有自治性的组织协助官府协调乡里关系，维护社会秩序。更重要的是，强行解散这些乡社可能会引起激烈对抗，甚至直接导致武装暴动。因此，他认为必须谨慎处理。

辛弃疾吸取汉武帝"推恩令"的经验，依据各乡社和豪绅的一贯表现进行区别处理：果断取缔劣迹斑斑的乡社，保留为善一方的乡社，并适当缩减其规模，化大为小，每个乡社统领户籍不超过五十家；明确隶属关系，乡社均隶属于各县巡尉，由各县令直接支配；所有兵器全部交由县一级检查管理。如此一来，乡社武装被解除，日常运作也渐渐规范，侵害百姓的事件也减少了许多。

此外，湖南是汉族与少数民族杂居的省份，当时把常年居住在山区的少数民族称为"峒人"或"峒民"。这些少数民族聚居的地方，经济较为落后，文化也不发达。针对这种情况，辛弃疾在峒民集中的郴州宜章县、桂阳军临武县兴办学堂，安排教师，使少数民族接受汉族文化和文明的教化，极大地促进了民族融合，减少了民族间的分歧。

有宋以来，朝廷历来重文抑武。到南宋，军队自由散漫，毫无军纪可言，战斗力低下，湖南的地方军队亦是如此。军营中的节制和统帅等事权分离，士兵们多被统兵将领挪为私用，或搬运土木营建第舍，或受统兵将领出资为商贾。对于士兵而言，唯有如此才能维持生计。但这样一来，谈何军纪，更不用说操练教习了。

为了防范武装暴动事件再度发生，保证湖南一路各族百姓生活安定，辛弃疾决定组建一支能够有效维持地方秩序的军队。在整顿乡社武装后，他以加强地方武装、防止暴动再起为由奏请朝廷，仿照广东路摧锋军、福建路左翼军的先例，创立新军，以"飞虎军"命名，名义上归中央步军司管制，就近则专听湖南安抚使的节制和调度。朝廷批准了他的建议，并下诏"委以规画"。

辛弃疾胸有成竹，接到诏令后立即着手处理各项具体工作。首先利用五代十国时割据湖南的马殷在长沙所建营垒的故基，建造新军营房，然后招募步兵两千人、马兵五百人；又派人到广西以五万贯钱买回五百匹战马，并奏请朝廷下令给广西安抚使司，每年为湖南代买三十匹战马，送飞虎军中作补充之用。

辛弃疾这种有胆有识的做法遭到朝廷中投降保守势力的忌恨，不少人想当然地认为辛弃疾是在以权谋私。朝中重臣周必大上折弹劾："辛卿又竭一路民力为此举，欲自为功，且有利心焉。"他们以"聚敛民财"为罪状，纷纷上疏弹劾辛弃疾。宋孝宗见朝中群情激奋，无法再坐视不管，只得在枢密院奏请下发出御前金字令牌，勒令辛弃疾立即停工。

远在湖南的辛弃疾早已料到自己此番作为必然会遭遇阻力，接到令牌后，他经过思考，决定受而不办，收起金牌后要求下属加快进度。当时正值秋雨连绵，建营所需的二十万片瓦无法烧造，辛弃疾下令除了向官舍神祠取瓦外，还向长沙城内外各户居民以一百钱赁檐瓦二十片，限两日内送至营房。此外，他还将犯罪僧民调发至长沙城北郊驼嘴山，命他们到山下的麻潭中开凿取石，以石赎罪。通过采取这些果断措施，建营工程如期完成。营地竣工后，辛弃疾上章申奏，详述筹建过程、费用来历，并将飞虎营营房图样一一附陈，以证清白。宋孝宗十分满意，下令向臣工们公示辛弃疾的奏章，反对的声音自此被压了下去，飞虎军得以创建。

　　在招募、训练飞虎军士兵的过程中，辛弃疾亲自制定详细的标准，并严令手下将官依律执行。在很短的时间内，飞虎军"战马铁甲皆备，官兵皆敢勇之士"，成为一支雄壮的国防力量。这支纪律严明、剽悍善战的新军，就像咆哮山林的猛虎，驰骋拼杀于长江沿岸，令南犯的金兵闻风胆寒，成为南宋边境线上一道移动的"长城"！

隆兴府大展拳脚

辛弃疾在湖南一路高歌猛进，其雄伟的气势令朝廷大受震动。倘若让他继续留任湖南，势必在军政、民生等方面有更多建树。然而，不使地方长吏久于其任，是宋代统治者"防微杜渐"的一项政策。因此，淳熙七年（1180 年）冬，朝廷又将辛弃疾的贴职①换为右文殿修撰，派他到隆兴府担任知府兼江南西路安抚使。右文殿修撰为文职虚职，但宋朝重文轻武的风气，使士人、学士对此都很看重，将此视为进入士大夫政治高层的通行证。

辛弃疾即将卸任荆湖南路安抚使时，原江西转运判官张仲固被任命为兴元府（今陕西省汉中市）知府，上任途中经过潭州，辛弃疾设宴款待，席间作词留念。

---

① 贴职：官制用语。北宋前期，外任官带三馆及诸殿、阁职名，称为贴职，即兼职之意。宋神宗"元丰改制"后，有宰执资格的官员带观文、资政、端明诸殿学士，侍从资格的官员带诸阁学士，其余官员带侍制、修撰、直阁，武臣带閤门使、宣赞舍人。

汉中开汉业，问此地、是耶非？想剑指三秦，君王得意，一战东归。追亡事、今不见，但山川满目泪沾衣。落日胡尘未断，西风塞马空肥。

一编书是帝王师。小试去征西。更草草离筵，匆匆去路，愁满旌旗。君思我、回首处，正江涵秋影雁初飞。安得车轮四角，不堪带减腰围。

（辛弃疾《木兰花慢·席上呈张仲固帅兴元》）

辛弃疾在这首词中追忆了汉高祖刘邦当年从汉中率军出发，直指关中，相继击溃踞守关中的秦朝三将章邯、司马欣和董翳，继续向东与项羽逐鹿中原的往事。如今张仲固要去汉中任职，辛弃疾自然联想到汉朝的基业在那里建立。眼下南宋占有汉中，而金国控制关中，与楚汉相似，倘若如刘邦当年那样一战东归，收复失地，该是何等不朽的功勋！可如今偏安的朝廷屈辱求和，国势日衰，没有丝毫振奋作战的气象。面对残破的山河，怎能不叫人感伤泪下！"胡尘未断""塞马空肥"，既写出了严重的民族危机，又抒发了报国无路的悲愤。辛弃疾追忆刘邦的丰功伟业，内心充满了向往，无奈当时朝堂弥漫着的是一派文恬武嬉、国势萎靡的气息。即使有韩信这样英武的大将，也只能被冷落一旁，毫无用武之地。

下阕开头"一编书是帝王师"，用张良佐汉的故事呼应篇首。"更草草离筵，匆匆去路，愁满旌旗"，随着分别时刻的临近，对友人的不舍越发强烈。"君思我、回首处，正江涵秋影雁初飞"，辛弃疾当时受朝廷安排，改任知隆兴府兼江南西路安抚使，很快就要前往江西赴任。当张仲固到达汉中，回忆起今日为他践行的友人时，辛弃疾早已身在南昌了。

这是辛弃疾第三次到江西任职，冥冥中他与江西似乎有着某种缘分，但这一次等待他的却是严峻的现实。"靖康之难"后，大量北方难民涌入南方，造成森林大面积被砍伐，土地过度开垦，生态环境急剧恶化，加上战争对水利设施的破坏，自然灾害频繁发生。据史料记载，南宋初年是中国历史上五个气候异常期之一，气候干冷，沙漠化严重，旱灾频发。这些自然灾害直接引发了"粮荒"，随之而来的后果就是富农、商户囤粮惜售，抬高物价。穷困的饥民、难民被迫哄抢粮食，窃掠货物，甚至乘机暴动，严重影响了社会安定。

淳熙七年（1180 年）隆兴府境内遭遇了很严重的粮荒，辛弃疾的前任张子颜在卸任前就忙于处理救灾工作。辛弃疾此次被改派隆兴府的主要任务之一就是"任责荒政"。到任后，他立即召集隆兴府及所属各县镇的官员，向他们了解实际情况，然后要求下属在主要街道张贴文榜，上面仅书八个大字："闭粜者配，强籴者斩。"① 凡存有粮食的商户，若囤粮不售，一经发现将处置发配；强抢粮食者，一律斩首。这"八字方针"一经公布，立竿见影，部属们也为辛弃疾这一雷厉风行的作风深感钦佩。这一举措为辛弃疾进一步治理荒政创造了条件，也争取了时间。

随后，辛弃疾将隆兴府的官吏、儒生、商贾、市民召集起来，让他们推举精明能干、公正无私的人，将隆兴府库中所存的官银和银器交予他们，到丰收的地方购买粮食，限一个月内贩运到隆兴府境内出售。售完再按照最初从官府中支取的数目偿还官本，不计利息。不出一个月，大批粮食从各地涌入隆兴市场，境内粮食价格回落，在数量上保证了当地民众的需求。如此一来，卖方、买方、官府三方受益，皆大欢喜。

作为江西安抚使，辛弃疾主要在隆兴府主政，因此他们救荒措

---

① 粜（tiào）：指卖出粮食。籴（dí）：指买进粮食。

施也主要是在隆兴府施行。当时，邻近的信州（今江西省上饶市）同样深受灾荒之苦，信州知府谢源明见隆兴府救荒成效显著，便派人与隆兴府商议借些粮米，隆兴府的官员们都不赞成，辛弃疾却认为救灾恤民是本分，"均为赤子，皆王民也"，灾情面前无须分辨你我，于是下令将买来的粮食分出三分之一送往信州。谢源明深感辛弃疾的大义，向朝廷汇报了此事。

辛弃疾在救灾过程中采取的种种措施，使遭遇严重灾荒的隆兴府民户能安然过渡次年夏收时节，其间既没有发生百姓大量饿死和流亡事件，社会秩序也未出现大的动荡。隆兴府的治荒成果，再一次证明辛弃疾的能力，他已从昔日那个匹马闯敌营、一身江湖豪侠气的青年勇士蜕变为成熟练达、励精图治的朝廷干吏。消息传到临安，宋孝宗喜出望外，于淳熙八年（1181年）秋为辛弃疾官加一级，由宣教郎提升为奉议郎。这一年，辛弃疾四十二岁。

木秀于林，风必摧之

自出仕以来，辛弃疾"身膺一面之寄"，扛起己方责任。他做事果决，从不瞻前顾后、畏首畏尾，也不深闭固拒。其干练的做派赢得很多人的赞许和敬佩，同时也招来一部分人对他的嫉恨。正如三国时期魏国文学家李康在《运命论》中所说："故木秀于林，风必摧之；堆出于岸，流必湍之；行高于人，众必非之。"

当一些捕风捉影的谣言散播出来后，好友陆九渊直接给辛弃疾写信加以劝诫。他在信中批判了当时吏治的腐败，怒责贪官污吏祸国殃民的罪恶行径，同时义正词严地驳斥"小人之党"的"宽仁之说"。他期望身在江西安抚使任上的辛弃疾能够排除干扰，"无摇于鄙陋之说""旧节素守，无所屈挠"，为民做主，在贪官污吏的圈子里坚决不同流合污，以"使圣天子爱养之方，勤恤之意，无远不暨，无幽不达"。

可是"树欲静而风不止"，第一个弹劾辛弃疾的是王蔺。王蔺曾因耿直敢言而受到宋孝宗称赞"磊磊落落，惟卿一人"，被任命为监察御史，充任言官。他根据当时流传的风言风语，尤其是有关辛弃疾创建湖南飞虎军的一些传闻，于淳熙八年（1181 年）腊月上疏弹劾辛弃疾，说辛弃疾"奸贪凶暴，帅湖南日虐害田里"，"用钱如泥沙，杀人如草芥"。王蔺还在奏章中详细指出辛弃疾"奸贪凶暴"的证据。

"奸"是说辛弃疾在政治上投机取巧、玩弄手段。辛弃疾在仕途升迁过程中，曾经得到过赵彦端、史致道、叶衡等人的赏识提拔。他们因为志同道合而与辛弃疾结交为友，对辛弃疾的文韬武略、经世济民之志颇为推举，希望他能为朝廷所用、为国效力，因此在仕途上多有提携。此间，辛弃疾曾因一首词得罪湖南安抚使王佐，不久又接替王佐成为荆湖南路安抚使，还使不少人误以为是辛弃疾在排挤打压王佐。王蔺以此说明辛弃疾的"奸"，还收集了辛弃疾与同僚旧友的旧书信、唱和之作，作为他结党营私、方广赂遗的证据。

"贪"是说辛弃疾非法占有公家财物。众所周知，辛弃疾在筹建飞虎军时耗费巨资，仅在广西购买五百匹战马就花费税金五万。此外，他担任地方大员时治理花销也不菲，如救济粮荒时由国库先行垫付资金买粮赈灾，还修建学校、兴修水利、建造奠枕楼等，这些无一不需要大笔支出。

"凶"是说辛弃疾行事狠毒，不计后果。宋代的社会风尚和官场风气都推崇儒雅之风，而辛弃疾本性豪放、做事果决、勇往直前。这一风格使得他在当时的官场环境中显得格格不入，也成了王蔺弹劾他的口实。

"暴"是说辛弃疾性情暴虐，作风彪悍，视人性命如草芥。剿灭茶商军时，赖文政被辛弃疾诱杀；在整顿吏治的过程中，他对贪官污吏毫不手软，甚至痛下杀手。他面对能吏和腐官爱憎分明的立场，被王蔺曲解为暴政。当然，王蔺肯定不会在奏章中叙述辛弃疾对能吏的爱惜。辛弃疾担任大理寺少卿期间，同僚吴交如两袖清风、出淤泥而不染，去世时家中竟连入殓的棺木都买不起。辛弃疾知道后慷慨解囊，赠给他的遗孀一笔钱，好生安葬了吴交如。至于"虐害田里"，王蔺牵强附会，说辛弃疾将酒业变为官营，强行向民众筹集砖瓦等。而辛弃疾未听从枢密院的阻止，加紧修盖飞虎军营栅一事，则被王蔺批为"凭陵上司"。

不待辛弃疾上折分辩，宋孝宗便严词批评辛弃疾"凭陵上司、缔结同类、愤形中外之士，怨积江湖之民"，指责他结党营私、欺辱上峰，激发朝野之怒，令百姓怨声载道。本来朝廷刚刚下发一道调令，任命辛弃疾为两浙西路提点刑狱公事，现在，宋孝宗不仅立即罢免了辛弃疾的新任职务，而且连"右文殿修撰"的贴职也一并削夺。这是辛弃疾平生第一次遭遇免职，距离他升迁为奉议郎不足三个月。

辛弃疾本为帅臣，然而一直以来被调派到各个地方替朝廷善后，实属大材小用。此次又因王蔺道听途说、漏洞百出的弹劾，被罢免了官职。一心想要收复失地、兴盛宋朝的辛弃疾曾多次理性面对外界的质疑、诽谤，但这次朝廷不分青红皂白、不问是非的贬黜，他实在难以忍受，痛苦的情绪一触即发。可他不能随性发泄内心的苦闷，唯恐再授人以柄，只好在与知心友人的书信往来中暂纾心中悲凉：

长记潇湘秋晚，歌舞橘洲人散。走马月明中，折芙蓉。
今日西山南浦，画栋珠帘云雨。风景不争多，奈愁何。

（辛弃疾《昭君怨·豫章寄张定叟》）

《昭君怨》本是琴曲，东汉蔡邕所作的古代琴曲著作《琴操》

106

中记载：齐国王穰将爱女王昭君献给汉元帝，不料却受到汉元帝冷遇。后来胡地单于来中原向皇帝求赐一女，王昭君主动请行，汉元帝见到光彩照人的王昭君后，后悔不迭，长叹晚矣。单于见到王昭君后，为其美貌所倾倒，以为汉朝与之亲厚，派使者以厚礼酬谢。王昭君恨汉元帝最初冷落自己，郁闷不乐、心念乡土，于是作怨旷思惟之歌："秋木萋萋，其叶萎黄，有鸟爰止，集于苞桑。养育毛羽，形容生光，既得行云，上游曲房。离宫绝旷，身体摧藏，志念幽沉，不得颉颃。虽得馁食，心有徊徨，我独伊何，来往变常。翩翩之燕，远集西羌，高山峨峨，河水泱泱。父兮母兮，道里悠长，呜呼哀哉，忧心恻伤。"远在蛮夷之地，她多么怀念中原的父母和家乡的一切。后世写王昭君的文人颇多，多表达凄凉之情。到了辛弃疾笔下，琴曲的哀怨与若隐若现的豪情相扶，有怨却不孱弱。

从出任大理寺少卿起，面对仕途中不断出现的风波和危机，辛弃疾意识到自己已经陷入舆论潮中，孤傲如他，岂能随波逐流，将就于世？面对身不由己的奔波和辗转，他早已感知自己不会被苟且偷安的朝廷所容，归去是早晚的事。

> 蜉蝣之羽，衣裳楚楚。心之忧矣，於我归处。
> 蜉蝣之翼，采采衣服。心之忧矣，於我归息。
> 蜉蝣掘阅，麻衣如雪。心之忧矣，於我归说。

（《诗经·曹风·蜉蝣》）

这首三千年前感叹蜉蝣的诗歌如今听来仍令人唏嘘不已。其实，人们在哀叹蜉蝣朝生暮死的同时，自身又何尝不是沧海一粟？辛弃疾自北而来，流离南方，从意气风发的少年到沧桑的中年，中间横亘的是流年与悲愤。时光荏苒，他仍屹立于天地间，却有了恍然若梦的迷茫。在风云诡谲的年代，成或败悉无定数，一人、一家、一国都在命运的渡轮上浮沉摇晃，谁也无法预料下一个浪头何时涌来。辛弃疾也如这渺小的蜉蝣一般，不计生命长短，尽力完成一件事情。奈何朝廷的贬黜否定了他的一切，多年的宦海浮沉到头来竟是竹篮打水一场空。朝廷的昏盲令他灰心失望，一颗坦荡热忱的报国心就这样无可奈何地蒙尘，最后被迫远离朝堂。

第六章

闲居稼轩：使世相忘却自难

被排挤在朝堂之外的辛弃疾回到带湖新居后，心情放松下来，在山水之间疗愈情志。二十载为官生涯，理想依然遥不可及，自己却日趋衰老，只好用乡间的自然风景和淳朴民风安抚无奈的内心。闲居十年，他创作了大量诗词寄寓心境，与好友陈亮、朱熹的相知使他拥有与庸常岁月对抗的力量，而他们的相继离世也给了他痛彻心扉的重击。人生，该何去何从呢？理想，又将如何安放？

带湖买得新风月

古时官员出仕宦游，往往身不由己，但会钟情于某处，并将其作为自己的终老之地。比如苏轼，他先后十四次到过常州，被那里秀美的风光和淳朴的民风所吸引，两次向朝廷上表希望自己能在常州居住，最后从海南返回途中于常州病逝，算是心愿得偿。辛弃疾三次到江西任职，对江西有着特殊的感情，加上江西人杰地灵、山明水秀，在他眼里是个终老的好去处。

江南西路东境的上饶郡地处信江之滨，故又名信州。江东、江西与福建三路在此交界，闽浙、杭州与南昌之间的交通都取道于此。南宋韩元吉在《南涧甲乙稿·两贤堂记》中形容郡境内"灵山连延，秀拔森耸，与怀玉诸峰巉然相映带，其物产丰美，土壤平衍"，一些由北方南渡的官绅人家乐于寓居其地。洪迈在《稼轩记》中提到，南宋时期居住在上饶城内和近郊的显赫之家达百余户。

在上饶城北有一片空旷之地，可以建屋，也能耕种。在这块地的前面有一片狭长的湖泊，湖水清澈，光可鉴人。站在此处举目遥望，远处的灵山依稀可见。辛弃疾任江西安抚使时就很喜欢这里，将它买下欲作为将来退隐之处。他还特地为那一泓清净的湖泊取名"带湖"。这是一方修身养性的佳地，青山绿水，静美华馥，在此问云赏花、观书修竹，岂不乐哉！辛弃疾对带湖喜爱有加，为其赋词道：

　　带湖吾甚爱，千丈翠奁开。先生杖屦无事，一日走千回。凡我同盟鸥鸟，今日既盟之后，来往莫相猜。白鹤在何处，尝试与偕来。
　　破青萍，排翠藻，立苍苔。窥鱼笑汝痴计，不解举吾杯。废沼荒丘畴昔，明月清风此夜，人世几欢哀。东岸绿阴少，杨柳更须栽。

　　　　　　　　　　　　（辛弃疾《水调歌头·盟鸥》）

　　辛弃疾开篇迫不及待地表达自己对带湖的喜爱，放眼千丈宽阔的湖水，宛如打开翠绿色的镜匣一样，晶莹清澈。"白鹤在何处，尝试与偕来"，是写对眼前鸥鸟之嘱，委托其尝试将白鹤一同邀来。由所见之鸥鹭，兼及未见之白鹤，高雅之志层层递进，表现出辛弃疾在摆脱官场尔虞我诈的烦恼和明枪暗箭的惊恐后，终于享受到内心的宁静，同时也流露出几分落寞。曾经为民请命的国家栋梁如今只能与鸥鸟为伍，其愁绪让后世人可知可感。

　　偏偏鸥鸟们不解风情，尽管千呼万唤，依旧不为所动。它们只顾成群结队地划破青萍，排开翠绿的湖藻，抖抖羽毛上的水滴，站在苍苔上悠闲地晒太阳。也罢，鸥鸟们的眼中只有水底的游鱼，自然不理会辛弃疾的美意。知己怎好强求，唯有举杯一笑而过罢了。

　　在这片风景怡人的环境里，辛弃疾的心灵被大自然轻抚安慰，让他感到轻松、满足。如此世外桃源之地，抚平了他的满怀愁绪，长久以来在官场中的失意、委屈、伤痛，在阴阳昏晓的流转中渐渐被遗忘，甚至得到宽容。

辛弃疾在选定带湖作为自己的"世外桃源"后，就遣人到此修建。他亲自绘制图样，交付工匠依图施工。先在地势较高的地方建造两层阁楼，前面盖起一排单层平房，正对着澄碧如洗的带湖；又将地势低洼处辟为稻田，花径竹扉、池塘茅亭，应有尽有。登上阁楼便可以远眺灵山，故取名"集山楼"，后改名为"雪楼"。虽说稻田只占了小半，却最为辛弃疾所看重。他自幼生活在北方，对北方农村的生活很熟悉。南归后，他发现南方弃农经商者甚多，因而商业也远比北方发达。但辛弃疾并不认同这种发展趋势，认为农业乃立国之本，因而有意倡导农桑，并说"人生在勤，当以力田为先"。为表明心志，他将临湖的一排平房取名"稼轩"，从此以"稼轩"作为自己的别号。"稼"即庄稼，也用来指称农业劳作；"轩"即屋舍。

进退存亡，行藏用舍。小人请学樊须稼。衡门之下可栖迟，日之夕矣□□（吴讷本作"牛羊"）下。

去卫灵公，遭桓司马。东西南北之人也。长沮桀溺耦而耕，丘何为是栖栖者。

（辛弃疾《踏莎行·赋稼轩集经句》）

古人十分看重诗词和经的区分，前者需配合歌曲演唱，属娱乐范畴；后者是圣贤教诲，用以治国安邦，属政治哲学、政策方针范畴。辛弃疾合二为一，乍一看并不和谐，然而他偏要用这种鲜明的反差告诉世人，他归隐田园的背后实有隐情。

或许是天意，带湖新居完成当天恰恰是辛弃疾因王蔺弹劾而被"落职罢新任"之时。在此之前，辛弃疾听说带湖新居将成，那时他尚在江西任上，不能前往亲视，故作词留念：

　　三径初成，鹤怨猿惊，稼轩未来。甚云山自许，平生意气；衣冠人笑，抵死尘埃。意倦须还，身闲贵早，岂为莼羹鲈鲙哉？秋江上，看惊弦雁避，骇浪船回。

　　东冈更葺茅斋。好都把轩窗临水开。要小舟行钓，先应种柳；疏篱护竹，莫碍观梅。秋菊堪餐，春兰可佩，留待先生手自栽。沉吟久，怕君恩未许，此意徘徊。

（辛弃疾《沁园春·带湖新居将成》）

　　此词作于辛弃疾隐退前一年，有人将它视为辛弃疾的"退隐宣言"。首句让人自然联想到陶渊明《归去来兮辞》里的"三径就荒，松菊犹存"。陶渊明是历代士人都向往的隐士形象，辛弃疾也不例外。在仕途中浮沉多年，辛弃疾每走到至寒之地，退闲的念头就如同和风暖日，让他感到些许暖意和慰藉。悠闲的田园生活让他有所寄情，作为他失意时可寻迹的一处桃源，仕则展志，退则保心。此番仕途蹭蹬让他沿着前人的足迹，寻到带湖风月，以慰神伤。

　　"鹤怨猿惊"出自南朝齐孔稚珪《北山移文》中的"蕙帐空兮夜鹤怨，山人去兮晓猿惊"一句。孔稚珪以昔日朝夕相处的鹤猿惊怨周颙①隐而复仕，辛弃疾却反用这一典故，假设鹤猿埋怨自己仕而不归，隐晦地表达了自己在官场中的不得志，内心已经厌倦了官场

---

　　① 周颙：字彦伦，汝南安城人，南朝宋、齐文学家，言辞婉丽，工隶书，兼善老、易，长于佛理。初为宋益州主簿。宋明帝颇好玄理，以周颙有辞义，引入殿内。宋明帝治国多有暴虐之行，周颙不敢直言劝谏，便诵经中罪福因果之事。宋明帝深解其义，所有收敛。建元中，为始兴王前军谘议，直侍殿省。他在钟山西建造隐舍，终日侍弄花草蔬菜，颇以为适。后转为国子博士，兼著作。卒于官任上。

政治。"甚云山自许，平生意气；衣冠人笑，抵死尘埃"如同自言自语，又像扪心自问：既然自己的平生志趣是以"山自许"，为何还执迷仕途，惹先贤隐士嘲笑呢？"意倦须还，身闲贵早，岂为莼羹鲈鲙哉"，既然厌恶这丑恶的官场又不能以己之力匡正，就应该急流勇退，愈早求得清闲愈好。况且他并非像西晋张翰那样为怀念家乡味美的鲈鱼脍、莼菜羹而弃官还乡。"秋江上，看惊弦雁避，骇浪船回"隐喻了他"意倦"的原因，也道出了他当时的处境：官场如江湖，波涛暗涌，危机四伏。

下阕描绘了带湖新居的蓝图。在东冈修一幢茅屋作为书斋，并把窗户全部面水而开，既照应"带湖"，又贴合"云山自许"的雅致；湖岸遍种杨柳，以划船垂钓勾勒出一幅"小舟撑出柳阴来"①的画境；那片竹林虽用稀疏的篱笆围着，但却无法遮住一束束梅花含苞待放的风景；待秋菊吐蕊绽放出别样风华，还可以将其做成菜肴，有芬芳入鼻，更有美味入口。像屈原那样，要"纫秋兰以为佩"，这些象征高贵品格的花草，需留待日后由他亲手种下。带湖新居中种植竹、梅、菊、兰，不仅表现了辛弃疾的生活情趣，更喻指他高洁的情操。

屈原餐菊佩兰是在被楚王放逐以后，眼下辛弃疾尚在任内，他本意在于坚守理想，但身在庙堂，去留不能自主，因此他说"沉吟久，怕君恩未许，此意徘徊"。这三句乍一看与前文矛盾，但恰恰是辛弃疾内心挣扎的真实写照。一方面，他仍然对朝廷抱有幻想；另一方面，他始终不忘复国，积极从政，希望以自己的一片赤诚打动朝廷。可见他并未对朝堂真正死心，因为他毕生的梦想只能借朝廷

---

① 该句出自宋代诗人徐俯的七言绝句《春游湖》，原诗为"双飞燕子几时回？夹岸桃花蘸水开。春雨断桥人不度，小舟撑出柳阴来"。

的倚重才有可能实现。现在，既然偌大的朝堂没有他的立锥之地，不妨暂且归去，回到更广阔的天地中去静候时来运转。王蔺的弹劾使辛弃疾提前归隐田园，他不再沉吟、徘徊。四十二岁的他已至不惑之年，不再强求命运，而更愿意顺其自然。他把家眷接到上饶，正式入住新居，就此开启了长达十年的带湖隐居生活。

远离是非之地，辛弃疾从纷繁的政务中抽身出来，回归向往自然的自我。这一时期的他内心安宁淡泊，生活闲适惬意，在自己的天地中悠然自得。其大多数词作都作于隐居稼轩期间，下面这首词表达了他对闲适生活的期望。

稼轩日向儿童说，带湖买得新风月。头白早归来，种花花已开。
功名浑是错，更莫思量着。见说小楼东，好山千万重。

（辛弃疾《菩萨蛮》）

这首词语言通俗浅显，是辛弃疾对儿辈们的教诲。他说在带湖可以欣赏清风明月等美景，两鬓染霜还是尽早归来吧，早先种下的花儿都已开放。仕途功名多是不值得，再也不必为之劳心费神了。听说带湖宅第集山楼东边有重峦叠嶂的好山水，这些赏不尽的美景足以让他欣然归去。

王蔺的弹劾和朝廷的昏盲不明使辛弃疾黯然神伤，他甘心抛却功名，远离是非，在带湖做个闲散之人，权且放下报国安民的大志，安隐于方外，与山水花草相伴，喜得自在。

归乡避世探风物

　　从辛弃疾率众投归南宋到罢官归隐稼轩，其间整整二十年。作为一个满腔热血、赤诚报国的忠义之士，辛弃疾这二十年的仕宦生涯始终未遂其志，二十载的呕心沥血、为国分忧，换来的是被摈斥出局。假设换作他人，恐怕早已心灰意冷，甚至满腔愤懑；而辛弃疾却默然接受这一切，遵从孔子"用之则行，舍之则藏"的教诲，让自己成为"伏枥之骥"，并以庄周、陶渊明、苏轼等人作为修己涉世的榜样。

　　他内心的火焰从未熄灭，此时迫于外部环境，只能回到带湖新居蛰伏，做一个淡泊宁静、与世无争的隐士。火热的内心和宁静的隐居生活，带给他许多矛盾和苦闷，但自耕自足的田园生活也给了他深入接触乡村的机会。他将忧国之笔延伸至田间地头、农舍村路，用另一种视角和声音劝慰自己。他以带湖为家，而带湖也向他展示了最有情趣、最精致的一面。在这片澄明洞彻的天地中，他以碧空为底、白云为缀，清风徐来，大自然以柔情的怀抱抚慰着他。山的千姿、水的万势、人间的百态，在他的笔下得到淋漓尽致的舒展。比如，他走到附近村落，看到乡农们种田弄稻，忙活农事，然后心平气和地将它定格在作品中。

> 茅檐低小，溪上青青草。醉里蛮音相媚好，白发谁家翁媪？
> 大儿锄豆溪东，中儿正织鸡笼。最喜小儿亡赖，溪头卧剥莲蓬。
>
> （辛弃疾《清平乐·村居》）

词中描绘了一家五口在乡村的生活情态。一对满头白发的翁媪一边小酌，一边看着儿子们做活。大儿子在溪边东畔的田里锄豆，二儿子在门外编织鸡笼，尤惹人爱的小儿子在溪边剥着莲蓬。

以往在朝中多讲官话，如今隐居乡里，耳边尽是南方的吴侬软语，温婉而明丽。与北方的民居不同，南方的村舍大都傍水而建，小桥横斜，小船在河心荡漾，青草盈盈，多么清丽的一幅田园画卷！置身于这一情境中，辛弃疾从语言到心情都浸染着田园之美，无论画面、形象、感触都散发着浓浓的乡土气息。乡间一家人的生活之美和人情之美，都体现了他对田园安宁、平静生活的向往。

兴致正浓的辛弃疾沿着田间小路继续往山边走，另一番景象映入眼帘：

> 陌上柔条初破芽，东邻蚕种已生些。平冈细草鸣黄犊，斜日寒林点暮鸦。
> 山远近，路横斜，青旗沽酒有人家。城中桃李愁风雨，春在溪头野荠花。
>
> （辛弃疾《鹧鸪天·代人赋》）

这首写农村风光的词，描写了田野初春之景，清新疏淡之间显露出蓬勃生机。田埂上的桑树冒出嫩芽，东邻家的幼蚕开始孵化。平冈上嫩草鲜美，牛犊撒欢直叫；斜阳下疏林犹寒，归鸦飞来栖巢。夕阳垂下，平冈春晚，小溪静静地流淌，荠菜花正开得如火如荼。山路的拐角处升起袅袅炊烟，几户农家散落在山洼。青布酒旗那边有家小酒铺，吸引赶脚的客人前往。城里的桃花、李花视风雨为磨难，一派愁苦，而溪头开得正旺的荠菜花却是此刻最明媚的春色。近代学者俞陛云在《唐五代两宋词选释》中评价这首词："稼轩集中多雄慨之词，纵横之笔，此调乃闲放自适，如听雄筛急鼓之余，忽闻渔唱在水烟深处，为之意远。"

乡村与田园，让久在官场盘桓而心力交瘁的辛弃疾彻底放松下来，干净质朴的田园风光疗愈心灵的创伤。他乐在其中，经常为了酒兴而跑到离居所很远的地方，有时甚至借宿在酒家或农户家中。

春季的乡村，最隆重的活动要数春社。作为中国最古老的节日之一，春社甚至可以追溯到上古时期。最早的春社是商周时期的桑林大会，这一天人们装扮一新，成群结伴去参加活动，白天男女老少欢聚在一起，载歌载舞，嬉戏游玩；到了晚上，情投意合的青年男女便来到桑林中约会，约定一生情缘。秦汉以后，春社演变为以祭祀为主的节日。人们在这一天举行庄重的仪式，准备酒糕、米饭、猪羊肉供奉土地神，祈求丰收。祭祀过后，再进行敲社鼓、食社饭、饮社酒、观社戏等活动，热闹非凡。如此红火的庆祝活动，辛弃疾自然要参与其中。他将游赏所见统统写到词作中，将民间其乐融融的气氛保存下来。

连云松竹，万事从今足。拄杖东家分社肉，白酒床头初熟。

西风梨枣山园，儿童偷把长竿。莫遣旁人惊去，老夫静处闲看。

（辛弃疾《清平乐·检校山园书所见》）

辛弃疾拄着手杖，来到松竹连云的村庄里观看春社活动。他在主持社日祭神的人家分吃了一份社肉，又恰逢床头的那瓮白酒刚刚酿成，正好痛快淋漓地喝上一场。西风渐起，山园里的梨、枣等都成熟了。一群嘴馋贪吃的幼童手握长竹竿，偷偷地敲打树上的梨和枣。辛弃疾在一旁静静地欣赏幼童们天真无邪的举动，不让旁人惊扰他们。整首词充溢着浓郁的生活气息，浅白如话，未着华丽的辞藻，像唠家常一样，辛弃疾自己也变成天真的孩童，在平和宁静的乡村中流连。

信州永丰县（今江西省上饶市广丰区）有一处博山岭，远眺其峰如庐山之香炉峰，南临溪流，风景独秀。五代时，天台德韶国师曾在此建寺，名为博山寺。辛弃疾经常到此游赏，留下了大量词作。

柳边飞鞚，露湿征衣重。宿鹭惊窥沙影动，应有鱼虾入梦。

一川淡月疏星，浣沙人影婷婷。笑背行人归去，门前稚子啼声。

（辛弃疾《清平乐·博山道中即事》）

天还未明，辛弃疾就驱马前往博山，骏马从江边的柳树旁疾驰而过，柳枝上的露水拂落在行人身上，衣衫沾湿后重重地贴在身上。行经河滩旁边时，看到一只白鹭栖宿在沙滩上，不时眯着眼睛向沙面窥视，其身影轻轻摇晃，还在重温梦中的鱼虾。年轻的妇女在溪边浣纱，在明月的照耀下，她们美丽轻盈的身影倒映在水中，阵阵轻笑像江水一样清漾。突然，宁静的村舍里响起孩子的啼哭声，正在溪边浣纱的母亲急忙丢下同伴，匆忙往家赶，路上遇见陌生的行人，只羞怯地低头一笑，随即背转身匆匆离去。

这首词通篇都在写景，却处处于景见情。如此真实而自然的描绘，不但增添了浓厚的生活情趣，也让人有身临其境之感。由此可见，辛弃疾对淳厚朴实的民情风俗的喜爱和赞美。

去往博山途中有一家王氏酒店，辛弃疾常在这里歇脚，还曾留下"一川松竹任横斜，有人家，被云遮。雪后疏梅，时见两三花。比□（吴讷本，元刊本并作"著"）桃源溪上路，风景好，不争多"① 的触景生情之作。据说博山寺中还专门辟出为辛弃疾所用的读书堂，辛弃疾常来此与法师谈经论道，探究人生。多年来，辛弃疾坎坷的仕途、遭遇的不公，在与法师的禅说中，在山间古道的清幽中，或可得到抚慰和宽解。

不向长安路上行，却教山寺厌逢迎。味无味处求吾乐，材不材间过此生。

宁作我，岂其卿。人间走遍却归耕。一松一竹真朋友，山鸟山花好弟兄。

（辛弃疾《鹧鸪天·博山寺作》）

"不向长安路上行，却教山寺厌逢迎"两句应题，表明辛弃疾已经不再忧心国事，只愿流连于博山寺及其周围的山水，以至于山寺都对他生出厌烦。

老子《道德经·六十三章》曰："为无为，事无事，味无味。"在无味中寻找自己喜欢的味道，这样才能满足味蕾。"材不材间过此生"典出《庄子》，山中的大树因为不能用来做家具，才躲过砍伐；

---

① 出自辛弃疾《江神子·博山道中书王氏壁》，此为上阕。

庄子老友家的大雁，却因不能鸣叫而被宰杀。庄子的弟子向他请教这个困惑，成材或者无用究竟哪个好？庄子告诉弟子："周将处乎材与不材之间。"意思是说，处于成材与不成材之间，好像合乎大道却并非真正与大道相合，所以这样不能免于拘束与劳累。既没有赞誉也没有诋毁，时而像龙一样腾飞，时而像蛇一样蛰伏，随着时间的推移而变化，不偏滞于某一方面。或进取或退缩，一切以与天地万物和谐为准则，悠然自得地生活在万物的初始状态，按照事物的本性去驱使它而不被万物役使，从而免受外物的拘束。这种上承神农、黄帝的处世原则教导人们回归道德，不必胶着拘泥于聚合与分离、成功与毁败、尊显与破落、有为与平庸、贤能与愚笨的两极。此时的辛弃疾就是在老庄的精神抚慰中逐渐平静，安于归隐平淡的生活，与山野为伴，自得其乐，做不材之材以终其年。

次日，辛弃疾早早起床，思量着法师是佛门中人，不拘俗礼，于是不告而别，独自起身前往雨岩。雨岩是博山最美之地，南宋诗人韩淲在《朱卿入雨岩，本约同游，一诗呈之》中这样说："雨岩只在博山隈，往往能令俗驾回。挈杖失从贤者去，住庵应喜谪仙来。中林卧壑先藏野，盘石鸣泉上有梅。矗夕金华鹿田寺，斯游重省又遐哉。"写尽了当地风光之清幽。在一处山崖下，一道飞瀑湍流而下，甚为壮观！辛弃疾以一道小令，将雨岩的美景娓娓道来：

溪边照影行，天在清溪底。天上有行云，人在行云里。
高歌谁和余？空谷清音起。非鬼亦非仙，一曲桃花水。

（辛弃疾《生查子·游雨岩》）

继续往博山西南方向走，约六十里处有一处黄沙岭，眼前的风景似"溪山一片画图开"①。岭高约十五丈，深而敞豁，可容百人。下有两泉，水自石中流出，可浇灌十余亩田地。辛弃疾常来此处，词中亦多有这一带风景的描写，《西江月》就是其中的佳作。

　　明月别枝惊鹊，清风半夜鸣蝉。稻花香里说丰年，听取蛙声一片。

　　七八个星天外，两三点雨山前。旧时茅店社林边，路转溪桥忽见。

（辛弃疾《西江月·夜行黄沙道中》）

　　辛弃疾用"明月、惊鹊、清风、鸣蝉、稻花香、蛙声"六个名词词组，勾画出一幅清新的乡村夏日夜景：夜空晴朗，月亮悄悄升起，如水的月光倾泻而下，惊起枝头的乌鹊，划破了夜的静谧，也使夜晚的田园一下子活跃起来；夜半时分，清风徐徐吹来，蝉鸣阵阵，以动衬静，乡村夏夜的宁静和优美跃然纸上。路旁的稻田里，稻花飘香，预示着又一个丰年的到来。田里的青蛙也耐不住寂寞，叫声此起彼伏，连成一片。辛弃疾觉得，在稻田里齐声喧嚷的群蛙好像在争先恐后地说丰年。这两句将视角转移到田野，让人不自觉浸润在夜间黄沙道上的柔和情趣中，仿佛闻到扑面而来的漫村遍野的稻花香，又由稻花香联想到即将到来的丰年景象。

　　"七八个星天外，两三点雨山前"，这里的"星"是寥落疏朗的，"雨"是轻微的阵雨，这些都与上阕清幽的夜色、恬静的气氛和朴野成趣的乡土气息相吻合。尤其后面笔锋突转，一过小桥，社林边一家乡村客店突然映入眼帘。常来常往的辛弃疾对此地的路径本

---

　　①　出自辛弃疾《鹧鸪天·黄沙道中即事》。

来十分熟悉，却因醉心于丰年在望之乐，而忽略了天外星、山前雨，丝毫没有觉察到已走到歇脚的客店。"路转"后"忽见"，既衬出他骤然看到旧屋的欢欣，又彰显出他沉浸在稻花香中以至于忘了道途远近的怡然自得和入迷程度，让人读来十分畅快。

这首小令仅五十字，却将十余种景物巧妙地融合为一体，层次分明，毫无堆砌、罗列之感，呈现在读者眼前的是一幅清新怡人的画作，可淡墨晕染，可素描构图。全词未见一人，人的气息却贯穿始终，虽是平铺直叙，但每句都自成一幅画，细品则有欢愉之感。

陶渊明的斜川、曾城、菊花、篱笆、南山、飞鸟，与辛弃疾笔下的明月、清风、鸟鹊、鸣蝉、稻香、蛙声，都是朴实的自然之物，但一经他们的点染立刻变得充满诗情画意。可见，这景是渗入他们内心的，眼之所及已灌注了深情，笔之所至才有了这些动人的篇什。辛弃疾的词大多雄浑豪迈，这首《西江月》则让我们看到了他的另一面、另一种境界——平和朴素、恬淡细腻。在这片他自己修筑的桃源中，他终于完全卸下沉重的盔甲，与命运化干戈为玉帛。

带湖是他最好的归宿，只要他肯将心交予此地。然而，岁月苍茫无边际，谁也无法知晓这一秒的感动是否能持续到下一秒。世间没有不透风的墙，很快桃源外的马蹄声便踏破了这份宁静，他是否还能毫不犹豫地纵身投入那滚滚红尘？或许归去与留下，于他都是不忍。

借歌抒怀

少年不识愁滋味，爱上层楼。爱上层楼，为赋新词强说愁。

而今识尽愁滋味，欲说还休。欲说还休，却道"天凉好个秋"。

（辛弃疾《丑奴儿·书博山道中壁》）

在带湖隐居期间，辛弃疾的日子过得闲适惬意，似乎已经远离了官场纷争，不再自缚于复国理想的桎梏中。然而，他真的安于如此吗？假若他全心全意地享受隐居生活，这首词中流露出的愁绪又是从何而来？可见，壮志未酬的遗憾还深埋在他的心底。

谈到"愁"，人们在每一个阶段对它的感悟都有所不同。少年懵懂，尚"不识愁滋味"，只是用敏锐的情感触角感知多彩世界，伤春悲秋、悲叹晓风残夜，岂知那不过是"为赋新词强说愁"。随着年岁的增长，历经诸多坎坷，对"愁"有了真切的体验后，忧愁不再是年少时的困顿与敏感。真正的愁绪无从说起，欲说还休，无奈之下只能对着秋风慨叹"好个凉爽的秋天"。这是谙尽世态后的感慨，也是遍历悲苦后的释然，凉秋依旧，人却不复年少。

周国平先生曾这样解读这首词："只有到了真正饱经沧桑之后，我们才明白，人生的小烦恼是不值得说的，大痛苦又是不可说的。我们把痛苦当作人生本质的一个组成部分接受下来，带着它继续生活。如果一定要说，我们就说点别的，比如天气。辛弃疾云'却道天凉好个秋'——这个结尾意味深长，是不可说之说，是辛酸的幽默。"

此生自断天休问，独倚危楼。独倚危楼，不信人间别有愁。
君来正是眠时节，君且归休。君且归休，说与西风一任秋。

（辛弃疾《丑奴儿》）

在时人眼中，辛弃疾不谙为官应变的规则，不明身在朝堂的明哲保身之道，更不愿及时享乐。他只守护心中愿念，最后将自己困在愁苦里。此愁，既为国，也为他自己，壮志未酬人已闲。本欲登上高楼远眺，以疏解心怀，怎知独倚危楼反而激起了更多的愁绪。这愁绪无处搁置，也无人可诉，唯有赋予西风，抛给深秋。

秋意正浓，天微凉。孤身走在蜿蜒的山路上，凄清和落寞如影随形。好在身边还有一群志同道合的朋友，与友人借歌抒怀，也不失为一种宽慰。

渡江天马南来，几人真是经纶手？长安父老，新亭风景，可怜依旧。夷甫诸人，神州沉陆，几曾回首！算平戎万里，功名本是，真儒事、君知否。

况有文章山斗，对桐阴、满庭清昼。当年堕地，而今试看，风云奔走。绿野风烟，平泉草木，东山歌酒。待他年，整顿乾坤事了，

125

为先生寿。

（辛弃疾《水龙吟·为韩南涧尚书甲辰岁寿》）

这首词是辛弃疾送给故交韩元吉的。韩元吉，字无咎，号南涧。辛弃疾与其相识于早年游宦建康时。韩元吉两次参加科考均落榜，直到三十三岁时才以门荫入仕。有人评价韩元吉虽袭门荫而学问远过于进士。韩元吉是坚定的主战派，但张浚发动"隆兴北伐"时，他却坚决反对，认为南宋因多年不勤军事，部队的战斗力已大不如前，加之装备陈旧，若急于劳师北伐，失败不可避免。他主张佯装和议，让金人放松警惕，为壮大自身实力争取时间，待时机成熟再图一战。他的主张与辛弃疾的观点不谋而合。

辛弃疾比韩元吉小二十二岁，在资历、见识等方面都不及韩元吉。当时寓居信州的文人士子公推韩元吉为文坛盟主。韩元吉十分器重辛弃疾，时常携酒从城南徒步城北，到雪楼与辛弃疾把酒言欢，诗酒唱和。

南宋与东晋很像，都是残保半壁江山，故而这首词大量借用了东晋典故。据《晋书·元帝纪》载，西晋亡，晋元帝司马睿偕西阳、汝南、南顿、彭城四王南渡，在建康建立东晋王朝。当时有童谣唱道："五马浮渡江，一马化为龙。"辛弃疾化用这一典故即借指宋高宗南渡。"长安父老，新亭风景"引用了两个典故。其中，"长安父老"借指金人统治下的中原人民。"新亭风景"出自《世说新语·言语》：东晋南渡不久，一次朝臣大夫在新亭宴饮，名士周顗突然感叹道："风景依旧，江山却已易主。"听到这里，众人皆掩面而泣。丞相王导见状忙拍案而起，严肃地说："应当团结一心，为朝廷分忧，恢复河山，怎能像亡国奴一样只知道哭泣！"辛弃疾以这个典故表达了自己抗击金人、收复河山的决心。夷甫是西晋宰相王衍的字。

据《晋书·王衍传》记载，"衍将死，顾而言曰：'呜呼！吾曹虽不如古人，向若不祖尚浮虚，戮力以匡天下，犹可不至今日。'"《世说新语·轻诋》记录五十年后桓温自江陵北伐，"过淮泗，践北境，与诸僚属登平乘楼，眺瞩中原，慨然曰：'遂使神州陆沉，百年丘墟，王夷甫诸人不得不任其责。'"辛弃疾借桓温对王夷甫的批评，斥责南宋朝廷中的一些大臣空谈误国、不思恢复的堕怠。

下阕从抒发对国事的愤慨转而称颂韩元吉作为文坛泰斗，在政治上也颇有建树，为收复失地奔走操劳。词中将韩元吉比作东晋的王导、谢安，唐代的裴度、李德裕，表达了辛弃疾对韩元吉的尊重和敬仰。

淳熙十四年（1187 年），辛弃疾最后一次为韩元吉作词祝寿，没过多久，韩元吉就去世了。

白日射金阙，虎豹九关开。见君谏疏频上，高论挽天回。千古忠肝义胆，万里蛮烟瘴雨，往事莫惊猜。政恐不免耳，消息日边来。

笑吾庐，门掩草，径封苔。未应两手无用，要把蟹螯杯。说剑论诗余事，醉舞狂歌欲倒，老子颇堪哀。白发宁有种，一一醒时栽。

（辛弃疾《水调歌头·汤朝美司谏见和，用韵为谢》）

辛弃疾作《水调歌头·盟鸥》，汤邦彦①和之，这首词是辛弃疾再用原韵而作，以示答谢。词的上阕写友人，下阕写自身。上阕称赞汤邦彦敢于直谏，协助皇帝改正很多过失，政绩显著。如今虽然被贬至边地，但也不要气馁，不久一定会东山再起。字里行间充满

---

① 汤邦彦：字朝美，宋孝宗时任司谏，后经叶衡推荐出使金国，要求归还黄河以南的土地，结果辱没使命，被流放岭南。

了对友人的同情、劝慰和激励。下阕则抒发了自己的失意，自嘲、悲愤、不甘杂糅其间，最后收之以愁，愁白发陡生而壮志不酬。

年过四十的辛弃疾内心不甘于只做以山林为乐的隐士，纵然他也明了大象无形、大音希声的先贤教导，但隐于酒乡、遁世避祸，在昏昏然中的逍遥更像掩耳盗铃，无法解开他心中有关国家的芥蒂。南归二十年就像一场梦，他本因梦想上路，却因仕途辗转而搁浅，再次回到原点。那些无从诉说的心事、无力改变的现状、无从实现的心愿，难道就此割弃吗？即便遗世独立地归去，怯懦、逃避也无法将他俘虏，更何况，二十年来他几时动摇过？

高山流水

久在上饶生活，风平浪静的生活固然惬意，却少了激情挥洒的肆意。闲居的时光似乎漫无止境，它似乎也在等待着什么，要让无色无味的日子活泛起来。尽管带湖不乏诗词唱和、相约交游的好友，但因赋闲别居，他们抗金复国的热忱逐渐被岁月冲洗，已经大不如前，这让辛弃疾颇为遗憾和无奈。他想世间不如意之事十有八九，可与人言者不过二三，倘若能在茫茫人海中遇到志同道合之人，共同审视人间苦难，那些不如意无论说与不说都不足为道了。辛弃疾是幸运的，因为他遇到了知己，双方的心有灵犀填补了他内心由来已久的缺口，高山流水的交往给予彼此慰藉。

辛弃疾的这位知音就是陈亮。他比辛弃疾小三岁，婺州永康（今浙江省永康市）人，自幼文采出众，下笔千言。《宋史》称他"生而目光有芒，为人才气超迈，喜谈兵，议论风生，下笔数千言立就"，与辛弃疾颇为相似。陈亮十八岁时就写出《酌古论》，品评历史人物。当时永康归婺州管辖，婺州知州周葵看到这本书，颇为欣赏，邀请他对谈，并高度夸赞陈亮为"他日国士也"。后来周葵到朝中任参知政事，邀请陈亮作幕宾，"朝士白事，必指令揖亮，因得交一时豪俊，尽其议论"。

乾道四年（1168 年），二十五岁的陈亮"首贡于乡，旋入太学"。次年，朝廷与金人媾和，达成"隆兴和议"，朝野上下都十分高兴，终于能暂得喘息，唯独陈亮不以为然。当时他只是一介布衣，却直接给皇帝连上五道奏疏，反对和议，这就是历史上著名的《中兴五论》。然而，宋孝宗见作者乃一介草民便未予理睬，将奏疏束之高阁。陈亮并不气馁，于淳熙五年（1178 年）又接连三次上书，慷慨激昂地批判了自秦桧以来朝廷苟安东南一隅的国策和儒生、学士拱手端坐空言性命的不良风气。

始悟今世之儒士，自以为得正心诚意之学者，皆风痹不知痛痒之人也。举一世安于君父之仇，而方低头拱手以谈性命，不知何者谓之性命乎？陛下接之而不任以事，臣于是服陛下之仁。又悟今世之才臣，自以为得富国强兵之术者，皆狂惑以肆叫呼之人也。不以暇时谋究立国之本末，而方扬眉伸气以论富强，不知何者谓之富强乎？陛下察之而不敢尽用，臣于是服陛下之明。

（陈亮奏疏）

这一奏疏终于引起宋孝宗的重视。他赫然震动，"欲榜朝堂以励群臣，用种放故事，诏令上殿，将擢用之"。当时的宠臣曾觌想掠美皇恩，抢在孝宗召见之前见陈亮，试图笼络他以扩大个人势力。陈亮知道后深以为耻，在见面前越墙逃走以示拒绝。之后，陈亮又接连上书陈事，深为宋孝宗激赏，欲给他加封官禄，陈亮笑对："吾欲为社稷开数百年之基，宁用以博一官乎！"然后渡江归去。他返乡后整日醉酒，渐次落魄，曾与乡间狂士对饮，醉中大放豪言厥语，甚至言词犯上。有个士子欲以此事中伤陈亮，便将其言行举止上报刑部。刑部侍郎何澹与陈亮前有嫌隙，欲借此事私相报复。此事转由大理寺负责，他们捉拿陈亮并施以笞刑，陈亮有口难辩，被污蔑为心存不轨。此事被宋孝宗得知后，派人暗中调查真相，而后对刑部和大理寺官员说："秀才醉后妄言，何罪之有！"陈亮由此逃过一劫，谁知回乡后又发生了家僮杀人事件。仇家控告他为主使，陈亮之父被囚于州狱，他本人也再度入狱。丞相王淮深悉宋孝宗对陈亮的爱护，便不极力追查此事；陈亮的好友辛弃疾、罗点等人也竭力营救。

幸免于难的陈亮此后发奋苦读，学问愈发精进。他和朱熹展开"王霸义利之辩"的交锋，即封建统治应该以"义"为先，实行王道，还是以"利"为先，实行霸道。这场争辩很快扩展到整个士子学界，其代表就是理学家朱熹和陈亮。陈亮认为王道之治需要借助霸道之业，王霸并用；义要体现在利上，义利并举。尽管他们在观点上存在分歧，但并没有影响他们成为惺惺相惜的朋友。陈亮曾专程去拜访朱熹，两人在十余天的时间里一起探讨学问，交往愈发密切。

陈亮和辛弃疾相识于淳熙五年（1178 年）。当时辛弃疾正由江西安抚使调去杭州任大理寺少卿，经由秘书省秘书郎、儒学家吕祖谦引见，认识了陈亮，两人一见如故，时常聚首相谈。之后，两人分隔两地，遂无缘会面。淳熙十五年（1188 年），陈亮上书激怒了反对派，于是离开京师返乡。辛弃疾得知消息后，深为陈亮的壮举所感动，特地"赋壮词以寄之"，以表达对陈亮的鼓励和声援：

醉里挑灯看剑，梦回吹角连营。八百里分麾下炙，五十弦翻塞外声。沙场秋点兵。

马作的卢飞快，弓如霹雳弦惊。了却君王天下事，赢得生前身后名。可怜白发生！

（辛弃疾《破阵子·为陈同甫赋壮词以寄之》）

这是辛弃疾最著名的词作之一，借哀陈亮以叹自己，可视为他抗金复国的政治宣言。纵然此时的他已经年过半百，但谁又能在梦想面前对年龄宣判呢！"老骥伏枥，志在千里"，辛弃疾不愿将平生意气交与山水游艺。随波逐流虽然可以保全自己，但若人人都在乱世中明哲保身，甚至坐以待毙，那何时才能实现国家之完整？

不可否认，乱世的政坛往往被奸佞之人霸占，真正的英雄则被挤在边缘艰难抗争，稍不留神便跌落台下，他们的报国之心在岁月中蹉跎。正如辛弃疾，一生力主抗金，却因朝中主降派的排挤和诋毁，从未站到舞台的中心。

每每想到支离破碎的山河与流离失所的百姓，辛弃疾的激愤之情便难以自抑，但愤懑之后，他依然束手无策，饮酒后悲慨长叹，无法入睡，索性挑灯而起，细看那柄宝剑。三个连续而富有特征的动作，立时塑造了一个壮士的形象。夜深人静，心事涌上心头，干脆一醉方休。此处的"醉"不仅是酒醉，更是他的精神之醉，强烈的力不从心、无可奈何之感如何排遣——只好借酒浇愁。醉酒入睡后，一切又在梦里重现，甚至更加清晰、壮阔。梦里回到二十多年前义军杀敌的地方，这已经成为他的精神支柱。"八百里分麾下炙，五十弦翻塞外声"，梦里的那些兵士血气方刚、欢欣鼓舞，饱餐着将军分给的烤牛肉，军中奏起振奋人心的战斗乐曲，人人精神饱满。将军神采奕奕，意气昂扬地端起酒杯劝大家一饮而尽。"八百里""五十弦"烘托出将士们豪迈壮阔的气概和激昂雄浑的军旅氛围，正是秋高马壮之时，外部环境与沙场点兵的情境无比契合，呈现了一幅大气磅礴、充满阳刚之气的梦境图。

"马作的卢飞快，弓如霹雳弦惊"，猛然把视角拉近，直击战场：将军率领铁骑，快马加鞭，迅速奔赴前线，弓弦雷鸣，万箭齐发。的卢是三国时刘备的坐骑。当时刘备被东吴兵追杀，的卢从沼泽里一跃三丈跳到岸上，救了刘备。这两句一出，仿佛看到若干连续出现的厮杀场景，其中奋勇杀敌的将军正是辛弃疾心中的英雄，也是他期待中的自己。"了却君王天下事"是为人臣子的最大心愿，在为君王分忧、报效国家的过程中，自己也"赢得生前身后名"，死而不朽。辛弃疾剿灭匪患，安抚灾民，革弊建制，政绩卓著，同样是报效君王，但他觉得这些还远远不够。倘若他就此结尾，这首词不失为一篇慷慨激昂的"壮词"。然而，现实中赢弱主和的南宋哪里还有孕育壮烈的土壤？这不过是一个聊以慰藉的梦。辛弃疾只能在梦境中攀上巅峰，醒来依旧要回到现实的谷底。热闹汹涌的军旅梦，反倒让他的落寞更令人心伤。他在哀叹中睁开惺忪的睡眼，才发现那壮阔盛大的军容、横戈跃马的战斗以及辉煌胜利、千秋功名都不过是南柯一梦。他不由得发出一声长叹："可怜白发生！"

人生最活跃、最珍贵的年华早已不再，如今两鬓霜白依然空空如也。无奈的他唯有将满腔忧愤寄予笔尖倾倒而出。翻开历史，辛弃疾或许不会感到孤独，盛世唐朝遭逢"安史之乱"后一步步从巅峰滑落，而身处庙堂的权贵大臣仍旧终日在天朝大国的梦中徘徊流连，醺醺然不知其危。

国破山河在，城春草木深。感时花溅泪，恨别鸟惊心。
烽火连三月，家书抵万金。白头搔更短，浑欲不胜簪。

(杜甫《春望》)

杜甫这首诗道尽了那个时代多少人的心痛和悲苦，而这个历史的拐点又断送了多少人的青春与梦想。杜甫和辛弃疾一样，恼恨的并非青丝变白发，而是无从安放的梦想，是摇摇欲坠的家国。

　　陈亮看到这首《破阵子》后感动不已，几经挫折回乡，他内心无比煎熬，而这首词仿佛一剂良药，让他隐隐作痛的内心慢慢镇定下来。胸中那股不可遏制的斗志和热血又重新被点燃，他从辛弃疾的词中得到鼓励，更欣喜的是找到了生命中的知音。于是，他立即动身前往江西拜访辛弃疾。

佳人重约还轻别

　　淳熙十二年（1185 年），辛弃疾自带湖漫游四乡，发现瓢泉，立马被吸引，在那里流连忘返。瓢泉原为奇师村一周姓人家所有，"其一规圆如臼，其一规直若瓢。周围皆石径，广四尺许，水从半山喷下，流入臼中，而后入瓢，其水澄可鉴"。这是一泓荡漾在前后两眼石潭中的清泉，其水澄澈而其相别致。泉边天生一方大青石，平洁可人，且有小屋几间，差可安居。辛弃疾在感喟间赋词一首，抒发内心的惊喜之情。

　　访泉于奇师村，得周氏泉，为赋。

　　飞流万壑，共千岩争秀。孤负平生弄泉手。叹轻衫短帽，几许红尘；还自喜，濯发沧浪依旧。

　　人生行乐耳，身后虚名，何似生前一杯酒。便此地、结吾庐，待学渊明，更手种、门前五柳。且归去、父老约重来；问如此青山，定重来否？

（辛弃疾《洞仙歌》）

他因钟爱此泉而向周姓人家买下此泉及房屋，又因泉形似瓢而命名"瓢泉"，并改奇师村为期思村。取名"瓢泉"的另一个原因是孔子曾赞其弟子颜回"一箪食，一瓢饮，在陋巷，人不堪其忧，回也不改其乐，贤哉回也"，辛弃疾常自比颜回，故对瓢泉格外钟情，间或从带湖到此小住几日。

瓢泉北面，有一山自福建境内蜿蜒而来，绵亘百余里。其主峰名为鹅湖，是铅山境内最负盛名的一座山，因东晋一位龚姓名士在这里养鹅而得名。山上流泉飞瀑、谷幽涧深，是游玩的绝佳之地。唐大历年间，大义禅师来此开山植锡，于山脚下建造禅院，即鹅湖寺，唐德宗亲自题写匾额，鹅湖山一时声名大噪。

辛弃疾与陈亮的第一次会面颇具传奇色彩。陈亮到达铅山时已是隆冬时节，寒风凛冽，横扫天地。辛弃疾隐约看到窗外寒风中有一人一骑缓缓而行，正诧异是何人在如此恶劣的天气中顶风而行，却见马儿走到桥边猛地倒退几步，任骑马人如何催促都不肯前行。人马就这样僵持了一阵，那人突然从马上跳下，抽出宝剑将马儿斩杀。辛弃疾大惊，急忙派人出门看个究竟，这时，来人已擦干宝剑上的血迹，走到辛弃疾的家门口。辛弃疾大悦，原来对方正是自己神交已久的陈亮。这段故事记于南宋赵溍《养疴漫笔》。

两人分别十年后，终于在瓢泉重聚。"金风玉露一相逢，便胜却人间无数"，当辛弃疾惊喜地握住远来故友的双手时，华夏文坛和政坛的千古美谈——"鹅湖之会"正式拉开了帷幕。

四目对视时瞥见对方双鬓都已斑白，却顾不上感慨岁月匆匆，只把这次重聚当作上苍给予的慷慨馈赠。此时的辛弃疾已不复当年的意气风发，身体抱恙，但他依然兴致勃勃地带病陪着陈亮到周边走走。鹅湖寺及沿途的十里松林都留下了他们的足迹，瓢泉的清凉流水倒映着他们的身影。知己相伴，游览的兴致自然不同以往。当晚两人对雪煮酒，辛弃疾陪陈亮"憩鹅湖之清阴，酌瓢泉而共饮"，几年来两人都各有抑郁心事，此时此地才能痛快淋漓地抒发。他们纵论时局，谋划兵事，慷慨纵横，不可一世。说到激昂处，陈亮拔剑起舞，辛弃疾击节高歌，连楼头积雪也被他们的歌声震散。

陈亮在铅山停留了十日才"飘然东归"。陈亮离山次日，辛弃疾意犹未尽，竟起身抄近路去追陈亮，打算多留他几天。当他追至泸溪河畔鹭鸪林时，"水深冰合""不得前矣"，只好万分惆怅地在方村独饮，天晚而投宿于吴氏泉湖四望楼。夜半时分，笛声响起，辛弃疾难以成眠，想到游处甚欢的知己，一时文思泉涌写下奇绝的《贺新郎》。

陈同父自东阳来过余，留十日，与之同游鹅湖，且会朱晦庵于紫溪，不至，飘然东归。既别之明日，余意中殊恋恋，复欲追路。至鹭鸪林，则雪深泥滑，不得前矣。独饮方村，怅然久之，颇恨挽留之不遂也。夜半，投宿泉湖吴氏四望楼，闻邻笛悲甚，为赋贺新郎以见意。又五日，同父书来索词，心所同然者如此，可发千里一笑。

把酒长亭说。看渊明、风流酷似，卧龙诸葛。何处飞来林间鹊，蹙踏松梢微雪。要破帽、多添华发。剩水残山无态度，被疏梅、料理成风月。两三雁，也萧瑟。

佳人重约还轻别。怅清江、天寒不渡，水深冰合。路断车轮生四角，此地行人销骨。问谁使、君来愁绝？铸就而今相思错，料当初、费尽人间铁。长夜笛，莫吹裂。

（辛弃疾《贺新郎》）

命运不偏不倚就在辛弃疾偶然到访的那一刻，让笛声扬起，从而唤醒了辛弃疾源源不绝的灵感，而后他与陈亮彼此相和，两人共写成五首《贺新郎》。

辛弃疾在词中回忆了自己与陈亮共处的时光，并借喜鹊、落雪等意象代指两人充满趣味的愉悦相处。"剩水残山"指南宋的半壁江山，亦指自己快要步入暮年；用疏梅比喻抗金复国的坚定信念，是他们共同的志向。

多年来，他早已习惯在多地奔走漂泊，如今落脚在这个山清水秀之地，除却读书作词，更多的时候是游山赏水，虽然清闲自在，却让他觉得内心不安。安稳的归宿固然令人向往，但也意味着梦想的搁浅。辛弃疾一度以为自己就要这样度过余生，陈亮的出现如同一团火瞬间将他平息已久的热情点燃，让他感觉不再孤独，梦想也恢复了温度。

正所谓"心有灵犀"，就在辛弃疾写完此词五天后，陈亮来函索词，辛弃疾遂将词寄发给他。陈亮收到后马上和了一首，表达"但莫使伯牙弦绝"的知音之惜。

老去凭谁说？看几番、神奇臭腐，夏裘冬葛。父老长安今余几，后死无仇可雪。犹未燥、当时生发！二十五弦多少恨，算世间、那有平分月。胡妇弄，汉宫瑟。

树犹如此堪重别。只使君、从来与我，话头多合。行矣置之无足问，谁换妍皮痴骨。但莫使伯牙弦绝！九转丹砂牢拾取，管精金、只是寻常铁。龙共虎，应声裂。

（陈亮《贺新郎·寄辛幼安和见怀韵》）

辛弃疾收到词后，再作《贺新郎·同父见和，再用韵答之》：

老大犹堪说。似而今、元龙臭味，孟公瓜葛。我病君来高歌饮，惊散楼头飞雪。笑富贵、千钧如发。硬语盘空谁来听？记当时、只有西窗月。重进酒，唤鸣瑟。

事无两样人心别。问渠侬、神州毕竟，几番离合。汗血盐车无人顾，千里空收骏骨。正目断、关河路绝。我最怜君中宵舞，道男儿、到死心如铁。看试手，补天裂。

（辛弃疾《贺新郎·同父见和，再用韵答之》）

陈亮得词后，又和两首：

离乱从头说。爱吾民、金缯不爱，蔓藤累葛。壮气尽消人脆好，冠盖阴山观雪。亏杀我、一星星发！涕出女吴成倒转，问鲁为齐弱何年月？丘也幸，由之瑟。

斩新换出旗麾别。把当时、一桩大义，拆开收合。据地一呼吾往矣，万里摇肢动骨。这话霸、只成痴绝。天地洪炉谁扇鞴？算于中、安得长坚铁。沤水破，关东裂。

（陈亮《贺新郎·酬辛幼安再用韵见寄》）

话杀浑闲说！不成教、齐民也解，为伊为葛。樽酒相逢成二老，却忆去年风雪。新著了、几茎华发。百世寻人犹接踵，叹只今、两地三人月。写旧恨，向谁瑟。

男儿何用伤离别。况古来、几番际会，风从云合。千里情亲长晤对，妙体本心次骨，卧百尺、高楼斗绝。天下适安耕且老，看买犁卖剑平家铁！壮士泪，肺肝裂！

（陈亮《贺新郎·怀辛幼安用前韵》）

一场鹅湖会，五首《贺新郎》，写尽英雄本色和忠肝义胆。从陈亮的词中可见他以政论入词的风格，以及"推倒一世之智勇，开拓万古之心胸"①，气势恢宏。辛弃疾的两首《贺新郎》慷慨雄壮，音节铿锵，如金石掷地，在无奈的个人际遇中他仍时刻对复国使命和爱国信念保持警醒，豪放苍凉，激昂排宕，最见豪放词代表人物之绝顶功力。

辛弃疾与陈亮相互赠答后不久，杜叔高又来带湖拜访辛弃疾。临别之际，辛弃疾再仿此韵写词赠杜叔高，使得用此韵作的《贺新郎》有六首。

细把君诗说。怅余音、钧天浩荡，洞庭胶葛。千尺阴崖尘不到，惟有层冰积雪。乍一见、寒生毛发。自昔佳人多薄命，对古来、一片伤心月。金屋冷，夜调瑟。

去天尺五君家别。看乘空、鱼龙惨淡，风云开合。起望衣冠神州路，白日销残战骨。叹夷甫、诸人清绝。夜半狂歌悲风起，听铮铮、阵马檐间铁。南共北，正分裂。

（辛弃疾《贺新郎·用前韵送杜叔高》）

---

① 出自陈亮《甲辰答朱元晦书》。

陈亮在"鹅湖之会"一年后被捕入狱，这也是他第三次入狱。当时无职无权的辛弃疾委托大理寺少卿郑汝谐极力周旋，终于使陈亮重获自由。绍熙四年（1193年），陈亮与辛弃疾再会于浙东。同年，陈亮参加礼部的进士考试，高中状元，这一年他五十一岁。他在写给宋光宗的谢恩诗中说："复仇自是平生志，勿谓儒臣鬓发苍。"又在《告祖考文》中说："亲不能报，报君勿替。七十年间，大责有归，非毕大事，心实耻之。"

状元及第后，陈亮被任命为签书建康军判官厅公事，正欲大展宏图，身体却向他敲响了警钟。因长期"忧患困折，精泽内耗，形体外高"，他于次年溘然长逝，终年五十二岁。这位遗世独立的鬼才逃过了世俗的牢狱之灾，却终究没能逃过命运的重击。辛弃疾得知好友去世，为之痛哭，赋《祭陈同甫文》以纪念亡灵。

……智略横生，议论风凛。使之早遇，岂愧桓伊？行年五十，犹一布衣。间以才豪，跌宕四出……中更险困，如履冰崖，人皆欲杀，我独怜才。脱廷尉系，先多士鸣；耿耿未阻，厥声浸宏。盖至是而世未知同甫者，益信其为天下之伟人矣。……闽浙相望，音问未绝，子胡一病，遽与我决？呜呼同甫，而止是耶！而今而后，欲与同甫憩鹅湖之清明，酌瓢泉而共饮，长歌相答，极论世事，可复得耶？千里寓辞，知悲之无益，而涕不能已。呜呼同甫，尚或临监之否！

（辛弃疾《祭陈同甫文》节选）

一场鹅湖会让两人的友情持续多年，如今伯牙弦绝，辛弃疾特为陈亮撰写墓志铭，其中一句"人皆欲杀，我独怜才"足见他极为珍惜陈亮这个朋友。两人憩鹅湖之清明，酌瓢泉而共饮，流连十日，长歌相答，极论世事，如今斯人已去，曾经美好的回忆也变得黯淡。两位终身希望恢复中原的爱国志士在现实中屡受挫折，他们相互鼓励、安慰，借词赋唱和表露内心大志，却无法像词中所期望的那样"看试手，补天裂"。时也？命也！

山中有客帝王师

中国素以儒学立国，宋代之前的儒家认为春秋以后能被称为"圣人"的，唯孔子、孟子二人。魏晋时期，佛教传入、道教创立，儒学遭遇了前所未有的挑战。到宋代，士子中一度掀起改良儒学的风潮，其中以"理学"和"心学"影响最大，朱熹便是理学的代表人物。在他的推广下，理学得到空前发展，并成为儒学正宗，他也被后世儒生奉为继孔子和孟子之后的又一圣人。

辛弃疾与朱熹的相知，需追溯到南宋淳熙年间。淳熙七年（1180 年）冬，辛弃疾调任隆兴知府兼江南西路安抚使。恰逢严重旱灾，辛弃疾担起救荒职责，在街上贴出赈济榜文，仅用"闭粜者配，强籴者斩"八字便震慑了当地不法粮商。朱熹得知后，不禁称赞"这便见得他有才"，以示钦佩。淳熙九年（1182 年），辛弃疾被罢官，闲居上饶，朱熹听说后愤愤不平，对弟子说："辛幼安是个人才，岂有使不得之理！"

辛弃疾的带湖新居落成后，颇具规模，朱熹还专程前去参观。淳熙九年，朱熹在浙东常平茶盐公事任上被解职，回乡途中路过上饶，拜访韩元吉。韩元吉约徐安国陪同，辛弃疾得知后也欣然前往，四人把酒话景，同游信江南岸的南岩。这次交游后，朱熹与辛弃疾的关系更加密切，交往不断。

淳熙十五年（1188 年），陈亮拜访辛弃疾前，朱熹因公经过上饶，顺路去看望了辛弃疾。见面后，他直率地建议辛弃疾"清躁不能克私"，希望他"明理克己，向里用心"。朱熹对辛弃疾的批评可谓一针见血、直击要害，辛弃疾对复国理想的坚决追求是他仕途坎坷的直接原因。要解决这一问题，朱熹提议他向内关照自我，将内心的浮躁沉淀下去，"明理克己"。

绍熙二年（1191 年）冬，在带湖闲居十年之久的辛弃疾被朝廷起用为福建提刑。次年六月，辛弃疾亲往建阳（今福建省南平市建阳区）考亭，向闲居此处的朱熹问政，朱熹赠他三句话："临民以宽，待士以礼，驭吏以严。"辛弃疾虚心听从他的忠告，在福建施行很多利民的福政。比如，在汀州（今福建省长汀县）推行经界法①，减轻百姓的赋役负担。朱熹早前任漳州知州时也曾想推行此法，无奈遭到豪强地主强烈反对，经界之事仅在漳州实行数月便不了了之。朱熹与辛弃疾会面时，曾期许他能在治下推行此法，辛弃疾果然不负所望。

绍熙四年（1193 年），辛弃疾再次前往建阳会见朱熹，两人同游武夷，泛舟九曲。看到武夷山枫叶摇红，溪潭转碧，山水如画，

---

① 经界法：南宋清查与核实土地占有状况的措施。宋高宗绍兴年间先在两浙地区施行，由转运副使李椿年专职措置。具体措施包括打量步亩、造区域图、置砧基簿等。这些透明化的举措受到地方官吏豪绅的强烈反对，进展艰难。

两人诗兴大发，当即各自吟赋《武夷棹歌》。除朱熹唱出脍炙人口的十首《武夷棹歌》外，辛弃疾亦作棹歌十首，其九曰：

> 山中有客帝王师，日日吟诗坐钓矶。费尽烟霞供不足，几时西伯载将归？

（辛弃疾《游武夷作棹歌呈晦翁十首·其九》）

在辛弃疾眼里，朱熹是一位隐卧山中的"帝王师"。他希望有朝一日会有"西伯"（即周文王）前来邀请这位怀才不遇的白发隐臣重新出山理政。当夜，朱熹又为辛弃疾的二斋室书写"克己复礼""夙兴夜寐"的赠语。

辛弃疾与朱熹不寻常的交往令人钦佩。他曾在《寿朱晦翁》中感叹朱熹的风采，并充分肯定了他在理学上的成就。

> 西风卷尽护霜筠，碧玉壶天月色新。
> 凤历半千开诞日，龙山重九逼佳辰。
> 先心坐使鬼神伏，一笑能回宇宙春。
> 历数唐尧千载下，如公仅有两三人。

（辛弃疾《寿朱晦翁》）

庆元三年（1197年）冬，韩侂胄等人宣布道学为"伪学"，将朱熹列为"伪学逆党"之魁，朱熹及其弟子受到残酷打压。庆元六年（1200年）三月，时值梅雨时节，久病的朱熹"正坐整衣冠，就枕而逝"，终年七十一岁。辛弃疾为此痛苦万分，从此失去了精神上的指明灯。他在《祭朱晦庵文》中悲痛地写道："所不朽者，垂万世名。孰谓公死，凛凛犹生！"此外，他还写下一阕词以表悼念：

读《庄子》，闻朱晦庵即世。

案上数编书，非庄即老。会说忘言始知道。万言千句，自不能忘堪笑。朝来梅雨霁，青青好。

一壑一丘，轻衫短帽，白发多时故人少。子云何在，应有玄经遗草。江河流日夜，何时了。

（辛弃疾《感皇恩》）

辛弃疾以汉代扬雄（字子云）所作《太玄》比拟朱熹的著作，"江河流日夜，何时了"这句更化用杜甫的名句"尔曹身与名俱灭，不废江河万古流"。在辛弃疾笔下，朱熹成为屹立在滚滚波涛中的砥柱山，笑看奸佞小丑们一个个被历史的波涛所吞没。

闲居带湖期间，辛弃疾与陈亮挚友、朱熹净友的交游为后世留下了许多佳话。他们相互慰藉、相互成就，这种精神上的交流让辛弃疾异常兴奋和满足。尽管征战沙场、收复失地的理想被高悬他处，但"志在千里"的恒心却在好友的言语间越发巩固。他很庆幸自己能在失意苦闷的闲居阶段得到两位友人的支持，这种莫大的信任让他备受感动，也让他无法接受他们的相继离世。"白发多时故人少"，满腹辛酸说与谁？

第七章

官场浮沉：别有人间行路难

　　闲居十年的辛弃疾终于再度接到朝廷的召唤，他的情感与理智展开了艰难的较量：出山能让内心夙愿获得一线实现之机，但需承受官场的"明枪暗箭"；退隐可保心境澄明，悠闲度日，但难耐壮志难酬的焦灼。最终，他选择出仕福建，大刀阔斧地剔除积弊沉疴，为百姓所称颂，亦为同僚所切齿，后被言官数次弹劾，被夺职罢官。"无官一身轻"的他心灰意冷地重回自己的"桃源"，带湖、瓢泉再度用大自然的语言抚慰他受伤的心灵。而经历了起伏跌宕的辛弃疾也逐渐认清了自己的"天命"……

长恨裁作短歌行

初生牛犊不怕虎。每一个涉世未深的少年都曾傲视天地，梦想着创立一番名垂千古的功业，于是仗剑离开家乡，在陌生的地方闯荡。他们以为有微风旭日就一定能让梦想的种子生根发芽，不久后取得满意的成果。然而多年后，遍尝世间心酸与失望，才体悟到年少时的梦想在残酷的现实面前有时不过是少年的痴念与幻想。也罢！当鬓边尽染秋霜，步履变得蹒跚时，何必再画地为牢，将自己困在那无解的烦忧中呢？

少日春风满眼，而今秋叶辞柯。便好消磨心下事，莫忆寻常醉后歌。可怜白发多。

明日扶头颠倒，倩谁伴舞婆娑？我定思君拚瘦损，君不思兮可奈何。天寒将息呵。

（辛弃疾《破阵子·赠行》）

淳熙十四年（1187年），宋高宗赵构去世，终年八十一岁，做太上皇长达二十五年。因为"隆兴北伐"，宋孝宗一直被主战派寄予莫大的希望。因此，宋高宗刚刚离世，主战派官员便意图说服宋孝宗重启抗金大计。然而，宋孝宗在位二十五年，曾经的雄心和激情早已被繁杂的政事消磨殆尽。面对主战派炽热的期待，他以为宋高宗守孝为名，将政事交由太子赵惇主理。两年后，也就是淳熙十六年（1189年），宋孝宗直接禅位给赵惇，自己则仿效父亲做起太上皇。赵惇即宋光宗，平庸体弱，长期受制于内宫李皇后，而李皇后亦无政治才能，导致朝政混乱，一盘散沙，没有明确的政治纲领和主导思想。

绍熙二年（1191年）冬，朝廷突然决定起用已经赋闲十年的辛弃疾，任命他为福建路提点刑狱公事。十年的闲居生活并未完全泯灭辛弃疾的意志，征战沙场的梦还时常在内心深处挑动他的神经，但如今要让他骤然丢开一切前去赴任，内心多少有些不舍。带湖的山山水水甚至一草一木，都曾与他同甘共苦，默契相守。它们知晓他的豪情壮志，也抚慰了他伤痕累累的心。

他冷静地反问自己：为了心中那团不熄的火焰，是否做好了重回官场是非之地的准备？尽管他对这次赴命有些意外和勉强，但还是于次年初春收拾好行囊，打算前往福建任职。他站在屋前，看着钟爱的瓢泉汩汩流水如旧，满怀离绪触动了他的诗意。动身前，他专门填词，记录临行前的心情：

泉湖道中赴闽宪，别诸君。

细听春山杜宇啼，一声声是送行诗。朝来白鸟背人飞。

对郑子真岩石卧，趁陶元亮菊花期。而今堪诵《北山移》。

（辛弃疾《浣溪沙》）

辛弃疾的内心充满了矛盾与挣扎。他既忧心国事，想趁此良机实现心中的夙愿，又留恋山林，愿学陶渊明田园生活。上阕借鸟寄情。对于此次重新任官，辛弃疾并没有失意文人偶然得意时"春风得意马蹄疾"的畅快，反而满腹心事。他用"细听春山杜宇啼，一声声是送行诗"来起首，表现未出行即思归乡的心境。对于朝廷的重新起用，他实际上踌躇满志，但字里行间却充满了对隐居生活的无限眷恋。下阕借典故寄意。前两句借汉代隐士郑子真屡受诏书而不肯出、东晋大隐士陶渊明一挂冠即至死不仕的典故明志，说明自己当年也曾如他们一样。末句突然反转，以南朝齐骈文家孔稚珪讽刺周颙违约出仕而作的《北山移文》来自嘲"背叛"了隐逸生涯，可见他在用世与避世间的矛盾心情。

提点刑狱负责监察官吏、掌管刑狱。辛弃疾有些牵强，但并未影响他到任后的尽职尽忠。白天，他四处走访视察，处理多年来的积案，为福州民间社会解决难题；晚上，他挑灯办公，借着昏暗的灯光批阅公文，上疏进谏。

汀州曾经发生一桩疑案，经久未决。辛弃疾巡察汀州时得知此事，对当地知府说："我了解你们这里的官吏，上杭县令鲍粹然为官清廉，善于处理难题。"于是知州便委派鲍粹然异地审理此案。鲍粹然经过明察暗访，仔细推敲疑点，终于使案情水落石出。

长溪县（今福建省宁德市霞浦县）有人鸣冤，辛弃疾派福清县主簿傅大声前去复审。经过细致审理，傅大声认为有五十多人实含冤情，决定将他们释放。但他官阶低微，为这五十多人平冤使长溪县官吏十分不满，而他居然还要无罪释放，更加得罪了上级。相关官员不予配合，或拖延不办，或干脆不予理睬。傅大声无奈，只得离开长溪县，并将事件的来龙去脉详细上报辛弃疾。辛弃疾勃然大怒，亲自将这五十多人释放，并呵斥长溪县全体官员为官不仁。获释百姓无不感恩戴德，当地百姓也都拍手称快，连呼辛弃疾为"青天"。

然而，异地办案并重审旧案、翻案，使辛弃疾一时间树敌颇多。更重要的是，辛弃疾素来"驭吏以严"，要求属官们奉公守法。如此一来，原本习惯了趁打官司"揩油"的官吏们没了灰色收入，原本贪赃枉法、收受贿赂的官员们也不敢轻易动作了。因此，福建各路官员私下里对辛弃疾异常不满，甚至称他为"酷吏"。

福建路安抚使林枅是一位耿直廉政的官员，但他主张简讼宽赋，与辛弃疾的行政理念有分歧，对辛弃疾的做法也不以为然。绍熙三年（1192年）九月，林枅去世，朝廷下令暂由辛弃疾代理安抚使一职。同年冬，临近春节之时，辛弃疾突然接到朝廷诏令，命他限期到临安报到。尽管新年在即，他只得立即起程，当时正免官家居的陈岘（字端仁）设宴为他饯行。在宴会上，辛弃疾即兴写下一首《水调歌头》，表达自己失落愤懑的心情。

壬子被召，陈端仁给事饮饯席上作。

长恨复长恨，裁作短歌行。何人为我楚舞，听我楚狂声？余既滋兰九畹，又树蕙之百亩，秋菊更餐英。门外沧浪水，可以濯吾缨。

一杯酒，问何似，身后名。人间万事，毫发常重泰山轻。悲莫悲生离别，乐莫乐新相识，儿女古今情。富贵非吾事，归与白鸥盟。

（辛弃疾《水调歌头》）

与一般的离别词不同，辛弃疾这首《水调歌头》虽是答别之词，却无常人的哀怨之气。整首词答别而不怨别，全词充斥的是他感时抚事的悲恨和忧愤，而无凄楚或哀怨。全词语言爽利，沉雄激昂，辛弃疾刚毅不屈的品德与愤世嫉俗的壮语贯通全篇。清代陈廷焯在《云韶集》中评价此词为"一片悲郁,不可遏抑"。

自古以来,世人常为情所困,但真正为情坚守的又有几人?孔子说"四十而不惑,五十而知天命",辛弃疾也到了知天命的年纪,如果不抓紧机遇实现夙愿,今后恐怕再无实现之时,但此时他要面对的是艰难的逆风、荆棘丛生的小路。万年衣冠,千古功名,人生"譬如朝露,去日苦多",只有白鸥之盟和徜徉山水间才是最佳归途。朝堂之事诡谲莫测,归隐的念头时不时就在重新出仕的辛弃疾脑海中闪现,他对自己的前途命运没有十足的把握,对新君和朝廷也未抱信心。

上元节刚过,临安城还沉浸在节日的喜庆中,路上的宝马香车依旧交织如梭,一如二十年前的那个上元节,但物是人非之感却让辛弃疾心情格外低落。此次被宋光宗召见,应对的主题是加强荆襄地区的防务。之前,辛弃疾对军事防务的重点聚焦在两淮,甚少关注荆襄。他与陈亮在鹅湖相会的那段时间,曾就此事辩论过,最后被陈亮说服了。此次应对,他向宋光宗陈述了这一理解。召对后,他将召对内容写成奏章,上呈御览:

自江以北,取襄阳诸郡,合荆南为一路,置一大帅以居之,使壤地相接,形势不分,首尾相应,专任荆襄之责。自江以南,取辰、沅、靖、沣、常德,合鄂州为一路,置一大帅以居之,使上属江陵,下连江州,楼舰相望,东西联亘,可前可后,专任鄂渚之责。属任既专,守备自固,缓急之际,彼且无辞以逃责。

(辛弃疾《论荆襄上流为东南重地疏》节选)

在奏章末尾,辛弃疾又向宋光宗特别致意,希望他能"居安虑危，任贤使能，修车马，备器械，使国家有屹然金汤万里之固"，如此作为则"天下幸甚，社稷幸甚"。然而，这番议论并未引起宋光宗和宰辅大臣的足够重视，最终不了了之。

召对后，辛弃疾被任命为太府寺少卿。太府寺是国家和宫廷的财政部门，掌管钱财和库藏，少卿是副职，与大理寺少卿级别同等。辛弃疾无比失落，在《鹧鸪天·三山道中》中写道："抛却山中诗酒窠，却来官府听笙歌。闲愁做弄天来大，白发栽埋日许多。"他惶惑、愤懑却又无可奈何，"挽银河仙浪，西北洗胡沙"①，纵马驰骋疆场，如今看来已是漫漫无期。果然，半年后朝廷又将他的职名提升为集英殿修撰，改任他为福州知州兼福建路安抚使。

---

① 出自辛弃疾的《水调歌头·寿赵漕介庵》。

起废为用终是空

　　福建多山少田，又毗邻大海，历来令朝廷极为头疼。重回福州，恍如隔世，辛弃疾内心的酸楚不言而喻。命运反复无常地捉弄他，尽管他也曾萌生二度退隐之心，回到带湖纵情山水，但对家国的责任和壮志未酬的期望使他最终决定走马上任。这一次，"三座大山"岿然横在他的面前，那就是经界、钞盐和缉盗。

　　中国古时的税制分人丁税和田亩税两种。在贫富差距普遍存在且日益明显的情况下，前者显然不公平。古时百姓的收入主要依靠农业，对于穷困家庭来说，没有土地却要按人头缴纳沉重的赋税，根本无法承受。唐代后期，实行两税制，即每年夏、秋两次作物成熟后征税。两税制是田亩税，是税赋制度上的一大进步。两宋沿用唐代后期的两税制，以田亩作为征税标准，田多征税多，田少征税就少。但时间一长，问题逐渐显现，比如官府记录每个家庭拥有的田亩数，以此作为征税依据，但两宋交替时期战乱频繁，土地兼并现象层出，原来的土地状况发生了巨大的变化，但官府的记录并未及时更新调整。这就导致失去土地的贫苦之家依然要承担高额赋税，而土地增多的富裕之家反而无须承担相应的赋税。这种不合理的现象成为社会不安定的重要起因之一，许多被逼无奈的贫苦人家铤而走险，最终沦为盗贼。而这样的人数一旦增多，很可能引发更为严重的社会问题，比如地方农民起义。

宋朝对于豪强地主兼并土地的现象一贯听之任之，因此，不同等级之间的矛盾越发尖锐。这个问题显然已经引起朝廷的重视。宋高宗时就派人重新丈量、统计和记录了全国土地情况，作为新的纳税依据，这种做法被称为"经界"。简言之，经界就是清查地亩所有权和均摊赋役负担。这一看似对症的方法施行后，税赋问题本应得到解决，但当时在全国推行的时间和范围有限，尤其福建部分地方根本没有推行，因此福建各地的土地问题依旧十分严峻，其中尤以汀州在内的六县为甚。

这些地方的贫苦百姓不堪重赋，纷纷逃亡。而官府眼看当年税赋无法完成，又不愿将税赋延缓到次年，便将逃亡者的税赋强加给邻居。结果，邻居也逃往他处，最后这些税赋被官府强加到那些未出走的贫弱百姓头上。但是，只要有一家强硬抵制不交税，其余的贫弱之家便纷纷响应跟随，这样一来，居然出现了以村、乡为单位公然抗税的状况。

辛弃疾到任后走访多地，充分了解了福建的赋税情况后，上疏建议说：

天下大事，因民所欲行之则易为功。漳、泉、汀三州皆未经界，独汀之民，力无高下，家无贫富，常有请也。且其言曰："苟经界之行，其间条目，官府所虑谓将害民者，官不必虑也，吾民自任之。"

其言切矣。故曰经界为上。

（辛弃疾《论经界盐钞札子》节选）

辛弃疾在上疏中提出一个重要观点："天下之事，因民所欲行之则易为功。"意思是说，天下所有的事只要老百姓愿意去做，就容易做成。这体现了儒家"以民为本"的思想，并有所延伸。漳州、泉州的百姓对经界的需求并不迫切，但汀州上下一直赞同并愿意自行开展经界。这样一来，无须官府费心费力，又有利于安定团结，何乐而不为呢？由此，汀州的经界平稳开展起来。

摆在辛弃疾面前的第二道难题是盐钞。

盐在古代是特殊商品，家家户户都离不开盐，而且需求量巨大。但是盐的产地十分有限，只有海边及个别咸水井湖才产盐。因此，中国历朝历代都非常注重对食盐生产销售的管控，遇到政局动荡、国家财政紧张时，一般严禁私营盐业，由国家统一管理。

南宋时期，官吏冗员多，战备开支大，财政吃紧，全国盐业政策不统一。福建一路的食盐亦是如此，建宁府、南剑州、汀州、邵武军这"上四州"大多数情况下实行官运官销，而漳州、泉州、兴化军、福州这"下四州"则以实行钞盐法为主，具体做法为：盐商认缴部分税款后，从官府获得一张运销许可证，凭此证明贩运包销若干数量的食盐。一些有见地的福建官员已经意识到官运官销做法出现的问题，并提出了改变盐法的建议。但大多数州县的官员只顾眼下经费，全然不考虑民间疾苦，对盐法一事避而不谈。

辛弃疾上任后，果断在"上四州"推行钞盐法，谁知阻力重重，遭到朝臣非议。此前，广西也曾推行钞盐，效果并不理想，到官府办理许可证的盐商太少，导致钞盐法夭折。其中一个原因是广西经济落后，民众不善经商，钞盐的积极性自然不高。但朝臣却以此为例，以偏概全，欲要求福建也停止变法。辛弃疾在《论经界盐钞札子》中对此做了相应的辩解：

> 钞盐利害，前帅臣赵汝愚论奏甚详，臣不复重陈。独议者以向来漕臣（陈）岘固尝建议施行，寻即废罢，朝廷又询征广西更改盐法之弊，重于开陈，其实不然。广西变法无人买钞，因缘欺罔；福建钞法才四阅月，客人买钞几登递年所卖全额之数。止缘变法之初，四州客钞辄令通行，而汀州最远，汀民未及搬贩，而三州之贩盐已番钞入汀，侵夺其额。汀钞发泄，以致少缓，官吏取以借口，破坏其法。今日之议，正欲行之汀之一州，奈何因噎而废食耶？故曰：钞盐次之。
>
> （辛弃疾《论经界盐钞札子》节选）

和广西的情况相反，汀州发放的钞盐过多，仅四个月就超过了过去一年销售食盐的总额，这让一些官员开始质疑、担忧。辛弃疾对此解释说，因为汀州距离福州较远，当地盐商还没有买钞贩盐，外地盐商便抢先进入汀州抢占市场。这是正常的市场流动，不应小题大做，更不必因噎废食。这种具体问题具体分析的做法，不仅纾解了福建盐政积弊，还刺激了当地的经济发展。

辛弃疾正面迎接的第三大挑战是海盗。

福建滨海自古就有海盗出没，所以长年驻扎着为数不少的军队。宋廷南渡后，原本居住在洛阳的赵姓皇族的一支也南迁福州，其日常生活花销均由当地官府承担。南迁之初，这支宗室总人口不到两百人，吃穿用度每年需三万贯左右，后来随着人口繁衍，费用已经远远超过了三万贯。为了保障军队和皇室的正常开支，当地官府每年都需要大量的金钱和粮食。而福建多山，耕地面积有限，人口却

157

相对稠密，常常出现当年收成不好，需要到邻境买粮的情况。

辛弃疾走访了解情况后，开始考虑如何解决这个问题：作为安抚使，如果不全盘筹划，尽量节省浮费、储存足够的钱和谷物，一旦遇到紧急情况，必然束手无策。因此，这次重回福州，他一路上以清静不扰为计，避免叨扰百姓；开支则尽量节省，同时设置"备安库"，将节省下来的数目存在里面。几个月过后，库中所存已达五十万贯。加上这一年福建地区年景不错，预计秋收后谷价会下降，他拟用这五十万贯现款买入约两万石粮食，供给军队和皇亲。同时，为了防御海盗，应对境内可能发生的变故，也为了增强军事防守力量，他还打算仿效在湖南创建飞虎军的做法，在福建也编练一支军队。

然而，未等他的计划付诸实施，朝廷谏官黄艾便以一封奏章无情地弹劾了他，污蔑他"残酷贪饕，奸赃狼藉"。宋宁宗不辨是非，昏庸懦弱，任由言官摆布，马上下令将辛弃疾罢官，只给了他一个主管建宁府武夷山冲佑观的挂名差事。

朝堂上一纸命令，轻易便能扭转一个人的命运，更能埋葬一个人的希望。辛弃疾犹如遭到当头棒喝，只感到彻骨的冰凉。他原来是蓄势待发的猎豹，只等一声号令，便奋不顾身地去捍卫领地。无奈命运注定要将他的梦想剥离，他尝试过接受，尝试过挣扎，希望拼尽全力拯救内心的意愿，但面对此次晴天霹雳，他身心俱疲、难掩悲伤。

玩三山风月

从绍熙三年（1192年）春任职福建到绍熙五年（1194年）七月罢官，辛弃疾绝大部分时间都在福州。这也是他除了滁州以外，任职时间最长的地方。或许正因为这层关系，辛弃疾感觉这里的山水跟他很亲近，情意绵长。

举头西北浮云，倚天万里须长剑。人言此地，夜深长见，斗牛光焰。我觉山高，潭空水冷，月明星淡。待燃犀下看，凭栏却怕，风雷怒，鱼龙惨。

峡束苍江对起，过危楼，欲飞还敛。元龙老矣，不妨高卧，冰壶凉簟。千古兴亡，百年悲笑，一时登览。问何人又卸，片帆沙岸，系斜阳缆？

（辛弃疾《水龙吟·过南剑双溪楼》）

这首词是辛弃疾途经南剑州，登览双溪楼时有感而作。南剑州

159

由剑溪、樵川二水环绕，双溪楼正处于二水交流的险绝处。关于双溪楼，还有一个美丽的传说。据《晋书·张华传》记载，相传雷焕任丰城县令时，曾在修缮监狱时挖出一对宝剑，剑名"龙泉""太阿"。雷焕死后，龙泉剑去向成谜。某日，雷焕之子佩太阿剑过延平津，太阿剑突然从鞘中一跃而出，投入潭内。其子立马派人潜水寻剑，却无论如何也寻不得，只见双龙在水中相偎。

朝西北望，任凭站得再高也望不见神州，一边是心中仍未熄灭的豪情，一边是"不妨高卧，冰壶凉簟"的心灰意冷。当年王安石变法时也曾高唱"不畏浮云遮望眼"，即使变法屡屡受阻也毫不畏惧。如今辛弃疾更加豪壮，发誓要用长剑劈开遮蔽天日的层层乌云，可这柄万古长剑早已化龙而去，他要到何处才能觅得这降妖除魔的宝剑呢？

剑溪和樵川汇集后的激流从双溪楼旁奔涌而过，受到前方峡谷阻滞，水势有所收敛。辛弃疾看着受地势影响的水流，不禁想到眼下的自己，虽然一再向朝廷表达征战沙场、收复国土的心愿，却屡次遭到搁置，甚至罢免。种种际遇如何叫他不心生感慨？"千古兴亡，百年悲笑"，这是一位末路英雄由衷的孤独和失落。

急促的马蹄声、掀卷的尘土、冰冷的铁甲……这些物事数次闯入辛弃疾的梦中。为了这个梦，他在官场摸爬滚打几十年，却从未获得主动权。悲愤难免，可那又怎样呢？失去一袭官袍，他还有中原梦想和壮志豪情披身，足矣。

人人都知道杭州有西湖美景，却不知福州也有一座西湖。这座西湖于西晋太康三年（282年）由郡守严高所凿，至唐末已是游览胜地。这两处西湖都是海滨湖泊，风景难分伯仲，只是福州的西湖面积较小，因此又被称为"小西湖"或"袖珍西湖"。

辛弃疾在公事之余，经常到这里的西湖边散步，或去城外登高远眺，以山水之灵洗去被政事烦扰的疲惫。

三山雨中游西湖，有怀赵丞相经始。

翠浪吞平野。挽天河、谁来照影，卧龙山下。烟雨偏宜晴更好，约略西施未嫁。待细把、江山图画。千顷光中堆滟滪，似扁舟、欲下瞿塘马。中有句，浩难写。

诗人例入西湖社。记风流、重来手种，绿阴成也。陌上游人夸故国，十里水晶台榭。更复道、横空清夜。粉黛中洲歌妙曲，问当年、鱼鸟无存者。堂上燕，又长夏。

（辛弃疾《贺新郎》）

题序中的"赵丞相"指赵汝愚。上阕写雨中游西湖所见。福州西湖的北面是卧龙山，四周则稻田吐翠，"翠浪吞平野。挽天河、谁来照影，卧龙山下"便是描绘这样的景色，用字不多，却写得极有气势。"烟雨偏宜晴更好"化用苏轼《饮湖上初晴后雨》描写杭州西湖的诗句，"水光潋滟晴方好，山色空濛雨亦奇。欲把西湖比西子，淡妆浓抹总相宜"。福州西湖与迷蒙烟雨最相宜，因为那空濛如画的景色会给游人带来飘然欲仙的感受；而晴天出游则更好，让人心情开朗，看得更加真切，景色也显得更美。辛弃疾还将福州西湖中的大石块与长江上的瞿塘峡相比，同时也暗喻自己政治生涯的坎坷。据《淳熙三山志》说，赵汝愚帅福建，曾上书请疏浚西湖旧迹，匆匆兴役，议者以费多利少为疑。因此，辛弃疾以"中有句，浩难写"隐晦地为赵汝愚鸣冤叫屈。

接着，辛弃疾在下阕中追忆了昔日福州西湖的繁华。五代十国时期，闽王在此修建"十里水晶台榭"，架起复道，"时携后庭游宴，不出庄陌，乃由子城复道跨罗城而下，不数十步至其所"①。然而，昔日繁华如今何在？唯有堂上飞燕在长夏时节又重来此，不知它是否还能寻到昔日故居？

辛弃疾还作有《小重山》，也描写了福州西湖的美景及自己畅游其中的随性自在：

绿涨连云翠拂空。十分风月处，著衰翁。垂杨影断岸西东。君恩重，教且种芙蓉。

十里水晶宫。有时骑马去，笑儿童。殷勤却谢打头风。船儿住，且醉浪花中。

（辛弃疾《小重山·三山与客游西湖》）

福州还有一座万象亭，也是辛弃疾喜欢前往的地方。万象亭中留下了他饮酒消愁的身影，也承载了许多他无处安放的哀愁。

贪数明朝重九，不知过了中秋。人生有得许多愁，惟有黄花如旧。

万象亭中啸酒，九江阁上扶头。城鸦唤我醉归休，细雨斜风时候。

（辛弃疾《西江月·三山作》）

这首词作于重阳节前一天，辛弃疾登上万象亭，看山中尽沐秋色，有感而发。也许从这次任职福建起，他就预感到自己难以久留，所以在写福州的季节与景色时，总笼罩着一层薄薄的悲伤愁绪和灰

---

① 出自明王应山所著《闽都记》。

暗落寞。

好雨当春，要趁归耕。况而今、已是清明。小窗坐地，侧听檐声。恨夜来风，夜来月，夜来云。

花絮飘零，莺燕丁宁，怕妨侬、湖上闲行。天心肯后，费甚心情。放霎时阴，霎时雨，霎时晴。

（辛弃疾《行香子·福州作》）

杜甫说"好雨知时节，当春乃发生"，好雨正值春色而来，辛弃疾想到要趁这个时令回家躬耕，何况现在已经到了清明。他独坐在屋里，侧耳倾听檐间的滴水声，心思不由自主地飘到田野间。可恨夜晚一会儿刮起大风，一会儿升上明月，一会儿又铺满乌云。落花飞絮在风雨中飘零，黄莺燕子啁啾不安，在窗前反复叮咛，唯恐这暂时恶劣的天气影响到他的湖畔闲行。而辛弃疾自己很宽心，只要天意允许他在湖边漫步，又何必烦闷操心？只是担忧天意难测，时而阴沉，时而下雨，霎时又放晴。其实，稍一思索便可知这首词并不是单纯在写福州的春景，更是在隐喻风云变幻的政治。

所幸福州充满灵气的山水给了他莫大的慰藉，正如他在《好事近》中所说："春意满西湖，湖上柳黄时节。濑水雾窗云户，贮楚宫人物。一年管领好花枝，东风共披拂。已约醉骑双凤，玩三山风月。"福州的山水让他短暂地从官场的不如意中摆脱出来，迎风沐雨，观花赏月。大自然也格外优待这个饱受煎熬的士子，在他面前尽力展示"三山风月"的风姿，让他抛却烦恼，开放襟怀。

迁居瓢泉

辛弃疾卸任闽帅当年，宋光宗逊位，其子宋宁宗赵扩即位。次年九月下旬，御史中丞谢深甫又对辛弃疾提出弹劾，说他"交结时相①，敢为贪酷，虽已黜责，未快公论"。于是，朝廷明令将辛弃疾由集英殿修撰降充秘阁修撰。

庆元元年（1195 年）十月，新任御史中丞何澹再次弹劾辛弃疾"酷虐裒敛，掩帑藏为私家之物，席卷福州，为之一空"，直指他将国库据为己有，于是朝廷又撤销了他的秘阁修撰贴职。

庆元二年（1196 年）九月，言官中又有人提出弹劾，说辛弃疾"赃污恣横，唯嗜杀戮，累遭白简，恬不少悛。今俾奉祠，使他时得刺一州，持一节，帅一路，必肆故态，为国家军民之害"，之后辛弃疾主管建宁府武夷山冲佑观的空名也被削夺了。

至此，辛弃疾平生所获的各种职位和职名均被朝廷收回。

---

① 时相：指赵汝愚。

辛弃疾在福建后期，虽然已经预感到山雨欲来，但未曾想朝廷的来势竟如此猛烈和彻底。他简单收拾好行装便踏上了归途，途中想到自己这番出仕最后竟落得被弹劾罢官的落魄下场，恐怕带湖的白鸥也会嘲笑自己吧。

　　白鸟相迎，相怜相笑，满面尘埃。华发苍颜，去时曾劝，闻早归来。
而今岂是高怀。为千里、莼羹计哉。好把移文，从今日日，读取千回。

　　　　　　（辛弃疾《柳梢青·三山归途，代白鸥见嘲》）

　　这首词真实地表现了辛弃疾被罢官后的心境，惭愧与后悔、无奈与愤慨，这些复杂的感受错综交织着，让他心乱如麻。

　　一个满面尘埃、一事无成的老翁，受到山中老友白鸥的相迎、相怜与相笑。"满面尘埃"凸显了归人的落魄和失败。"去时曾劝，闻早归来"，当年就好言劝说不要出山，即便要出山也应早些归来，怎知把老友规劝当作"耳旁风"。如今归来，白鸥既高兴又怜悯，而这一复杂感受其实是辛弃疾心中对自己出山失败的反省总结。

　　下阕中，辛弃疾以白鸥劝诚的口吻自揭伤口，既表达了他对自己无端被罢职的愤慨，也是对自己再次出仕选择的自嘲与惭愧。结尾更是借白鸟的嘲讽，让自己从今以后每天都把孔稚珪讽刺"假隐士"的《北山移文》诵读千百遍，以进行深刻的自我反省。辛弃疾对自己此次有始无终的出山报以辛辣的嘲笑，嘲笑里又隐含着愤慨，情感富有层次，让读者更清晰地体会他的真实感受。

　　心灰意冷的辛弃疾回到上饶，带湖宠辱不惊地恭迎主人回家。只有在这里，辛弃疾才能彻底地放松，放下官场的谋断，摒弃外界的毁誉，淡忘身外的得失，一切都是怡然自得、与世无争的。此番归来，他打算长居于此，因而也就有了更多的时间来规划营建新居。

一水西来，千丈晴虹，十里翠屏。喜草堂经岁，重来杜老，斜川好景，不负渊明。老鹤高飞，一枝投宿，长笑蜗牛戴屋行。平章了，待十分佳处，著个茅亭。

青山意气峥嵘，似为我归来妩媚生。解频教花鸟，前歌后舞，更催云水，暮送朝迎。酒圣诗豪，可能无势，我乃而今驾驭卿。清溪上，被山灵却笑，白发归耕。

（辛弃疾《沁园春·再到期思卜筑》）

在辛弃疾的规划中，瓢泉新居应是"一水西来，千丈晴虹，十里翠屏"，不仅景色奇美，更不失气势。历尽波折，他逐渐懂得执迷复国理想更像是命运的负荷，放下后反而得到更多。如今自己闲居于此，正如杜甫经乱之后重回其心爱的成都草堂、陶渊明隐居柴桑时独爱斜川一样。一根树枝足以让老鹤栖息安身，待养足精神后它方能展翅高飞，一身无挂。而那戴屋而行、为物所累的蜗牛，必然一生为物所役，难逃辛苦。

明明是自己对山中风光喜爱留恋，却偏要说青山为了迎接他的归来，铆足了劲向他展示妩媚可爱的姿态，就连花鸟、云水也因他的归来而"前歌后舞""暮送朝迎"。这生机勃勃的景致让辛弃疾心旷神怡，并产生了驾驭它的豪情。虽然指点江山的梦想已经落空，但瓢泉的一草一木都是他新的驾驭使命之对象。正当"酒圣诗豪"之兴在胸中激荡时，心底某个角落突然冒出一股蚀骨的悲凉之气。年少时誓要金国"完璧归赵"，如今能驾驭的却只有山水流云。就连溪边的山神也嘲笑他不过一个屡遭罢官、报国无门、不得已退隐山林的老衰翁。

所谓山神的哂笑，不过是辛弃疾内心情感的投射，寄情山水固然惬意，但与内心缺漏的那片天地相比，实在不足为道。退闲与出仕的念头又在辛弃疾的脑海中此消彼长地斗争开来，这次归隐着实让他心有不甘。但面对这场没有结局的棋弈，他的不情愿显得那般无力。

在到福建赴任之前，辛弃疾已初步规划了瓢泉新居的修建，因此开工后进展很快，他返回当年便落成了。与带湖的有栋百楹、"青山屋上，古木千章，白水田头，新荷十顷"① 相比，瓢泉的规模很小，只是一栋不大的居所。

一天，辛弃疾坐在书桌前，凝神眺望窗外的青山，随后忆起修建瓢泉居所时的点点滴滴，提笔写道：

新葺茅檐次第成，青山恰对小窗横。去年曾共燕经营。

病怯杯盘甘止酒，老依香火苦翻经。夜来依旧管弦声。

（辛弃疾《浣溪沙·瓢泉偶作》）

这首词叙写了瓢泉新居的修建情况以及辛弃疾迁入后的生活面貌。眼见新居一步步修葺完善，他难掩喜悦之情。坐在新居中，眺望远处横卧的青山，像一幅定格的山水画，禁不住发出赞叹：多美的景致呀！如今他不复年轻，身体也每况愈下，不再喜欢觥筹交错的宴饮场面，为了身体心甘情愿地把酒戒了。

秦观在《题法海平阇黎》一诗中写道："因循移病依香火，写得弥陀七万言。"香火，即香烛，用于祭祀鬼神。"老依香火苦翻经"化用秦观诗意，言称自己年老多病，以烧香祭神、翻看佛经来寻求一点超脱和慰藉，多少透露出病苦无奈之意。但作为豪士，他从来

---

① 出自辛弃疾《带湖新居上梁文》。

不甘沉沦，对生活仍然充满信心与渴望，"夜来依旧管弦声"。

生活永远不会让人们看到他的下一步计划。就在辛弃疾安然置身于瓢泉新居时，带湖居所失火了。熊熊烈焰考验着他对生活的承受能力，曾被寄予无限诗意的雪楼轰然倒塌，化作飞扬的火星和尘埃。带湖居所被焚毁，使他的精神寓所也一并坍塌，望着大火后的狼藉，他怎能不痛心疾首！

所幸瓢泉新居已经落成，辛弃疾便带着全家人搬到瓢泉，一心一意地过起了陶渊明式的隐居生活。

稼轩何必长贫，放泉檐外琼珠泻。乐天知命，古来谁会，行藏用舍。人不堪忧，一瓢自乐，贤哉回也。料当年曾问，饭蔬饮水，何为是、栖栖者。

且对浮云山上，莫匆匆、去流山下。苍颜照影，故应流落，轻裘肥马。绕齿冰霜，满怀芳乳，先生饮罢。笑挂瓢风树，一鸣渠碎，问何如哑。

（辛弃疾《水龙吟·题瓢泉》）

人生在世，难得乐天知命。颜回"一瓢自乐"，千百年来众人不解其道，或许他曾向孔子求教：粗茶淡饭足矣，何苦要疲于奔波呢？孔子的解答，今日已无从知晓。但如琼珠一般顺着屋檐倾泻而下的泉水，渐渐将辛弃疾心头的尘埃涤清。心明眼亮的他坐拥瓢泉，"苍颜照影"，当年戎马貂裘、意气风发，但在经历时间的洗礼后，富贵如烟云，谁又能逃得过零落萧条的定数呢？何不学名士许由，抛却烦琐之音，静以保全？辛弃疾慢慢接受了理想落空的现实，用儒家、道家、佛家的思想安抚自己。他志纯情洁，不愿像泉水那样流到下游与泥沙同流合污。这一年，他五十六岁，已知天命。

对饮陶渊明

　　一个是生活在东晋的隐逸诗人，一个是生活在南宋的爱国词人；一个是以淡泊名世的文人，一个是以驰骋沙场为抱负的帅臣。他们似乎很难有任何交集，也很难让人将他们联系起来。然而，他们同样仕途坎坷，被迫归隐，在性情上又有诸多相似之处。对辛弃疾来说，陶渊明是他精神上的某种象征，代表了遗世独立、潇洒自得的人生态度。他在词作中不止一次提到陶渊明，如"东篱多种菊，待学渊明，酒兴诗情不相似"（《洞仙歌·开南溪初成赋》），"待学渊明，更手种门前五柳"（《洞仙歌·访泉于奇师村，得周氏泉，为赋》），"须信采菊东篱，高情千载，只有陶彭泽"（《念奴娇·重九席上》）等。

　　陶渊明，字元亮，又名潜，私谥"靖节"，世称靖节先生，浔阳柴桑（今江西省九江市）人。他少时立下"猛志逸四海，骞翮思远翥"的大志，后来步入仕途，历经坎坷，壮志难酬。最后一次出仕为彭泽县令，八十多天后弃职而去，从此观菊品酒，荷杖田间，寄情山水，归隐田园。他是中国历史上第一位田园诗人，被称为"古今隐逸诗人之宗"。

辛弃疾初见瓢泉便不由自主地想到陶渊明，这也是促使他买下瓢泉的原因之一。对辛弃疾来说，在瓢泉造几间屋子，门前种五棵柳树，像陶渊明那样远离尘世，一定是人生一大快事！

据统计，辛弃疾流传至今的词作共有六百二十六首，其中提及陶渊明、引用陶渊明诗文的约六十首，将近总词数的十分之一。辛弃疾自江淮两湖时就开始接触陶渊明的作品，后来对陶渊明的作品涉猎越来越多，到瓢泉时，所作与陶渊明有关的词作已有三十二首。

辛弃疾为瓢泉新居的每一间房屋都精心取了名字，其中一间名为"停云"，也是出自陶渊明。陶渊明为了表达对亲友的思念，曾写过四首以"停云"为题的诗，其中第二首写道："停云霭霭，时雨濛濛。八表同昏，平陆成江。有酒有酒，闲饮东窗。愿言怀人，舟车靡从。"在迷蒙的细雨中，闲坐东窗，独酌思亲，韵味悠长。辛弃疾曾不止一次引用陶渊明《停云》的诗意，比如下面这首词：

邑中园亭，仆皆为赋此词。一日，独坐停云，水声山色，竞来相娱。意溪山欲援例者，遂作数语，庶几仿佛渊明思亲友之意云。

甚矣吾衰矣。怅平生、交游零落，只今余几！白发空垂三千丈，一笑人间万事。问何物、能令公喜？我见青山多妩媚，料青山、见我应如是。情与貌，略相似。

一尊搔首东窗里。想渊明、停云诗就，此时风味。江左沉酣求名者，岂识浊醪妙理。回首叫、云飞风起。不恨古人吾不见，恨古人、不见吾狂耳。知我者，二三子。

（辛弃疾《贺新郎》）

这首《贺新郎》是仿陶渊明《停云》"思亲友"之意而作，抒发了辛弃疾被罢职闲居时的寂寞与苦闷。年岁渐长，曾经相携出游的朋友零落四方，如今还剩多少？岁月匆匆，历经世事沉浮，还有什么事情能让他感到快乐呢？恐怕只有青山和他一样，"相看两不厌"，无论情怀还是容貌，都有些相似。

陶渊明在《停云》组诗中有"良朋悠邈，搔首延伫""有酒有酒，闲饮东窗"等诗句，辛弃疾将它浓缩在"一尊搔首东窗里。想渊明、停云诗就"里，来想象陶渊明当年诗成时的风味。江南那些在酒醉中都渴求功名的人，又怎能体会到饮酒的真谛？此处辛弃疾貌似申斥南朝那些"沉酣求名"的名士，实则讽刺南宋已无陶渊明这样的饮酒高士，而徒有一些醉生梦死的统治者。酒酣之际，回头朗吟长啸，云气翻飞，狂风骤起，积压已久的意气荡胸而发——不恨我不能见到疏狂的前人，只恨前人见不到我的疏狂而已。知我者，寥寥无几。

辛弃疾自诩陶渊明是他的知己，在梦中他多次与陶渊明畅谈，以慰心绪。

老来曾识渊明，梦中一见参差是。觉来幽恨，停觞不御，欲歌还止。白发西风，折腰五斗，不应堪此。问北窗高卧，东篱自醉，应别有、归来意。

须信此翁未死，到如今、凛然生气。吾侪心事，古今长在，高山流水。富贵他年，直饶未免，也应无味。甚东山何事，当时也道，为苍生起。

（辛弃疾《水龙吟》）

辛弃疾将陶渊明引为知己，说他如今还有"凛然生气"，自己和他有着同样的志趣，可谓"高山流水"。至于富贵功名，即使未被罢免，也是无味的。谢安高卧东山不是很好吗？为什么要出仕呢？细品辛弃疾的语气，对谢安似有微词，意谓风流如谢安者亦不免存有富贵之想。辛弃疾坚信自己与陶渊明虽隔时空，却能心意相通，有高山流水一样的雅趣，凛然有正气，而不屑"摧眉折腰事权贵"。

此外，辛弃疾有时将陶渊明和诸葛亮相比，有时将陶渊明和谢安相比，他认为陶渊明不仅具有诸葛亮的风流，甚至有过之而无不及。他的词作中多有表现，如"岁晚凄其无诸葛，惟有黄花入手"（《贺新郎·题传岩叟悠然阁》），"把酒长亭说，看渊明、风流酷似，卧龙诸葛"（《贺新郎》），"往日曾论，渊明似胜卧龙些"（《玉蝴蝶·叔高书来戒酒，用韵》）等。

辛弃疾还作了一首《鹧鸪天》，更直白地表达了自己对陶渊明的崇拜：

读渊明诗不能去手，戏作小词以送之。

晚岁躬耕不怨贫，只鸡斗酒聚比邻。都无晋宋之间事，自是羲皇以上人。

千载后，百篇存。更无一字不清真。若教王谢诸郎在，未抵柴桑陌上尘。

（辛弃疾《鹧鸪天》）

辛弃疾以"清真"二字概括陶渊明的作品，强调了其作品的纯正与真切，其风流是真风流。"王谢诸郎"指王导、谢安的晚辈，在辛弃疾看来，他们远抵不上陶渊明柴桑居处的尘土。他没有直接评价谢安，但从"王谢诸郎"与陶渊明的差距，可以看出陶、谢二人在他心中的悬殊地位。

辛弃疾推崇陶渊明，除了志趣高度相契外，还因为他们有一个共同的爱好，那就是酒。酒在古人眼中的精神内涵大过其味，正如李白"古来圣贤皆寂寞，唯有饮者留其名"的直言。陶渊明爱酒，可以说无酒不欢，他在《拟挽歌辞·其一》中写道："但恨在世时，饮酒不得足。"他在彭泽县担任县令时，朝廷拨付五十亩公田让他耕种，他决定将这些田悉数种上高粱，因为高粱可以酿酒。夫人因此和他发生争执，最后两人各退一步，将一半公田种高粱酿酒，一半公田种稻谷果腹。陶渊明归隐后，除了劳动，便是喝酒。他流传至今的一百二十余首作品中，写到酒的就占据半数，其中有二十首直接以"饮酒"为题。

辛弃疾也爱酒，他在词作中说："一饮动连宵，一醉长三日"（《卜算子·饮酒不写书》），"但将痛饮酬风月，莫放离歌入管弦"（《鹧鸪天·离豫章，别司马汉章大监》），"总把平生入醉乡，大都三万六千场"（《浣溪沙》），"为公饮，须一日，三百杯"（《水调歌头·九日游云洞和韩南涧尚书韵》）。他传世的作品中，与酒有关的词作高达三百多首，几乎占其作品的一半。下面这首词作亦可窥见他对酒的喜爱：

醉里且贪欢笑，要愁那得工夫。近来始觉古人书，信著全无是处。

昨夜松边醉倒，问松我醉何如。只疑松动要来扶，以手推松曰："去"！

（辛弃疾《西江月·遣兴》）

这首词描写醉态、狂态，写得生动真切，惟妙惟肖。"近来始觉古人书，信著全无是处"虽是醉话，却并非胡言乱语。"松边醉倒"

具体写醉酒的神态。他醉眼迷蒙，误把松树当作人，问道："我醉得怎样？"他恍惚看到松树走上前来要扶他，于是伸手一推，拒绝了。这些句子不仅写出了形象有趣的醉态，也显露出辛弃疾倔强的性格。

后来，辛弃疾因嗜酒而生疾，连笔都拿不稳，谪居惠州时又痔疾复发。辛弃疾自知病是因酒而起，遂决定戒酒而痔不药自愈。此后他滴酒不沾并书"从今东坡室，不立杜康祀"，以表戒酒决心。晚年闲居的辛弃疾深知酒之害，曾一反其"激昂排宕，不可一世"的基调，写下一首止酒词：

将止酒、戒酒杯使勿近。

杯汝来前，老子今朝，点检形骸。甚长年抱渴，咽如焦釜，于今喜睡，气似奔雷。汝说刘伶，古今达者，醉后何妨死便埋。浑如此，叹汝于知己，真少恩哉。

更凭歌舞为媒。算合作平居鸩毒猜。况怨无大小，生于所爱，物无美恶，过则为灾。与汝成言，勿留亟退，吾力犹能肆汝杯。杯再拜，道麾之即去，招则须来。

（辛弃疾《沁园春》）

辛弃疾用拟人手法，与酒杯对话。他把酒杯叫到跟前，历数酒杯的"罪过"：长年口渴，咽喉就像烧焦了的锅；如今又嗜睡，睡觉时打鼾就像打雷一样。面对这些指控，酒杯不服，辩解道："刘伶是古代贤达之人，他随身携带酒壶，走到哪里喝到哪里。他还带一把锄头，以便喝死时，随处挖坑掩埋。"酒杯的话实在不吉利，但辛弃疾却不以为意，反而赞同它，说："你说得有道理，可为知己！"接着，他开始与酒杯讲道理。聚会歌舞时要有酒助兴，这样伤害身体与毒药没有分别，并承认自己对酒是爱极生怨，酒于自己是喜爱过

174

度而成了灾害。于是，遣之"使勿近"，酒杯似乎看出他戒酒的决心，也就不再辩解，只是拜首道："你让我离远些，我就走开；你招手让我近前来，我也一定顺从你的心愿。"俏皮的用词大可玩味。

当然，尽管辛弃疾已经下定决心要戒酒，但偶尔也有破戒的时候，这时他也作词留念：

城中诸公载酒入山，余不得以止酒为解，遂破戒一醉，再用韵。

杯汝知乎，酒泉罢侯，鸱夷乞骸。更高阳入谒，都称齑臼，杜康初筮，正得云雷。细数从前，不堪余恨，岁月都将曲蘖埋。君诗好，似提壶却劝，沽酒何哉。

君言病岂无媒。似壁上雕弓蛇暗猜。记醉眠陶令，终全至乐，独醒屈子，未免沉灾。欲听公言，惭非勇者，司马家儿解覆杯。还堪笑，借今宵一醉，为故人来。

（辛弃疾《沁园春》）

这首词作于庆元二年（1196 年），而辛弃疾后来的词作中依旧不乏饮酒内容，可见他的酒终究没有戒掉。

同为隐士，辛弃疾和陶渊明还有一个共同的思想根源，那就是摆脱功名羁绊，返归自我。陶渊明毕生追求的不过"自然"二字，保持自己的本性，委心任真，从自然中得到自由。辛弃疾的功名心较陶渊明重，并实实在在地建立了显赫业绩，南宋初年的政局和内心的壮志使他难以放弃功名。但他也很清楚功名对自己来说究竟占多少分量，因此他所作词的豪放充盈着对胜利的渴望及看破世事的不屑。

万事纷纷一笑中，渊明把菊对秋风。细看爽气今犹在，惟有南山一似翁。

情味好，语言工。三贤高会古来同。谁知止酒停云老，独立斜阳数过鸿。

（辛弃疾《鹧鸪天·和章泉赵昌父》）

辛弃疾在词中提到的"爽气"可理解为豪气，他认为陶渊明及其吟咏过的南山、赵昌父以及自己都有这种爽气。这爽气来源于"万事纷纷一笑中"的豁达开朗，只有看透世间万事、摆脱功名利禄，才可能拥有这种爽气。

有人说，辛弃疾既有沙场将士金戈铁马的豪放，也有山林隐士"闲醉痴"的豪放，这两个方面合为一体才是完整的辛弃疾。他与七百多年前的陶渊明遥遥相期，可谓陶渊明的隔代知己。而陶渊明有辛弃疾这样一个崇拜者，使其《咏荆轲》诗中表现出的不畏强暴、义无反顾的豪气化为实际，想必他在九泉之下也会感到欣慰。

第八章

辗转再起：而今识得愁滋味

"绍熙内禅"后，韩侂胄、赵汝愚两派蜂起。为紧握朝廷重权，韩侂胄利用外戚特权猛烈打压赵汝愚、朱熹一派，逐渐扩大并巩固其派系根基。之后为了建立事功，韩侂胄向宋宁宗提议北伐，并起用在野的主战派人士，辛弃疾由此重回朝廷。尽管远离北伐主战场，但为了实现自己抗金复国的理想，他努力排除外界干扰，专注于增强军队战斗力，加强战备。怎奈韩侂胄对他的忌惮有增无减，除设计将他排斥在北伐决策层外，还逐步夺回他的统带兵权。熊熊燃起的抗金复国梦，再次被朝廷不由分说地扑灭。辛弃疾揣着被肢解的梦想，心力交瘁又满怀留念地北望远方，眼中噙满不甘的泪水……

怅平生，交游零落

人到暮年，回忆仿佛陈年老酒般愈发醇厚，少年的冲动和憧憬渐渐淡去。从意气风发到暮气沉沉，从血气方刚到心如古井，从绚烂璀璨到平淡安详，大半生的过往足以让人洞察许多世事，炫耀和追逐的欲望回落，得失不再紧要，心境归于淡然。这是世间大多数人的生命轨迹，而辛弃疾似乎从未老去，蓦然回首，那颗被梦想激越的心灵，依然跳动着熊熊火苗。

有客慨然谈功名，因追念少年时事戏作。

壮岁旌旗拥万夫，锦襜突骑渡江初。燕兵夜娖银胡䩞，汉箭朝飞金仆姑。

追往事，叹今吾，春风不染白髭须。都将万字平戎策，换得东家种树书。

（辛弃疾《鹧鸪天》）

忆往昔，那一年他二十二岁，灿烂如烟花的一幕依然在脑海中保存完好，鲜活如初。就在那一刻，他预感到自己的生命与沙场不可分割，梦想即使命。然而，时光呼啸而去，青春难返，长叹一声"时不我与"，又是一年春风度，髭须却由黑到灰再到白。命运的车轮不偏不倚地向前滚动，他只能无奈地摇摇头，收回远眺北方的目光。清代陈廷焯在《白雨斋词话》里中肯地将最后两句评价为"哀而壮，得毋有'烈士暮年'之慨耶"。

在辛弃疾万念俱灰的同时，南宋朝廷也陷入了风云诡谲的旋涡之中。宋孝宗于淳熙十六年（1189年）让位给太子赵惇后，仍参与部分朝政大事。宋光宗赵惇的皇后李氏是个霸道、狠毒、无知的女人，她毫无政治才能，却挟持宋光宗，干预朝政，多次与宋孝宗发生分歧，由此导致朝政混乱，朝堂上下怨声载道。

绍熙五年（1194年），宋孝宗病危，临终前想见儿子一面，不料李后百般阻挠，宋光宗又懦弱无主见，最终未能如愿。同年六月初九，宋孝宗驾崩，按理宋光宗应主持父亲的葬礼，但他不仅面无悲色，而且"车驾不至，无与成服"，并借口生病不守孝制，在后宫寻欢作乐。

听闻皇帝的所作所为，朝野大受震动。官员们私下里议论纷纷，关于军队的流言更是不绝于耳，"或言'某将辄奔赴'，或传'某军私聚哭'，大抵皆反矣"，整个朝野变得动荡不安起来。关键时刻，丞相留正又在七月称疾逃归，甚至未等宋光宗答复便先行离开京城。留正的逃归使南宋的中枢部门近乎瘫痪，工作无法正常开展，也无法及时应对整个局势的变化。

这两件大事使得南宋政权摇摇欲坠，逼迫宋光宗退位也成了"箭在弦上，不得不发"。绍熙五年七月五日为宋孝宗除丧服之祭的禫祭①日，太皇太后吴氏和知枢密院事赵汝愚、知阁门事韩侂胄等大

---

① 禫（dàn）祭：指古代除去孝服时举行的祭祀。

臣共同发力，迫使宋光宗逊位，拥立嘉王赵扩即位，尊宋光宗赵惇为太上皇，史称"绍熙内禅"。赵扩就是历史上的宋宁宗，即位次年改元庆元。

宋宁宗也是一位缺乏主见、没有理政能力的平庸皇帝。为了避免出错，他在朝堂上甚少发表意见，也不公开批阅奏章，而是将大臣的奏章拿到内廷批示，称为"御笔"。这种非正常的理政方式，使一些别有用心的权臣看到了操弄权柄的可乘之机。

赵汝愚因拥立有功，被擢升为光禄大夫、右丞相。他还推荐朱熹担任焕章阁待制兼侍讲，相当于皇帝的老师和顾问。而在"绍熙内禅"中有定策之功的韩侂胄本是宋宁宗皇后韩氏的叔父，因为这层外戚的关系，他成为宋宁宗最宠信的权臣。由此，朝堂上形成了以赵汝愚、韩侂胄为首的两大派系，双方的矛盾渐渐浮出水面，冲突不断、彼此倾轧，直接诱发了"庆元党争"。

韩侂胄倚仗自己的特殊身份，任意进退大臣、更易言官，甚至假借皇帝名义用"内批"作处分，而不通过中书省采用正式手续办理。朱熹当时在朝中任侍讲，对韩侂胄欺君罔上、弹压下属的种种行为不满，便在宋宁宗面前指出他"擅权害政"等罪状。这些话被韩侂胄安插在内外廷中的党羽心腹知晓后，报告给韩侂胄。绍熙五年（1194年）十月，朱熹被韩侂胄用"内批"罢免了侍讲官职。

庆元元年（1195年）六月，宋宁宗登基尚不足一年，韩侂胄一党便上书建议对道学"考核真伪，以辨邪正"。不久，朝廷全面展开了对道学真伪的辨别。同年，韩侂胄一党的言官李沐、谢深甫先后论奏赵汝愚"以同姓而居相位，将不利于社稷"；监察御史胡纮更污蔑赵汝愚意图让光宗复辟。结果，赵汝愚被免去相位，不久又被贬谪为宁远军节度副使，永州（今湖南省永州市）安置。由于在贬谪途中不幸染病，又遭庸医误诊，赵汝愚于庆元二年（1196年）正月病逝。

赵汝愚、朱熹等人先后被排挤出朝廷后，朝中的派系斗争仍旧在持续，甚至愈演愈烈。韩侂胄一党深怕赵、朱一党东山再起，便在赵汝愚去世后，加大力度以种种手段打击朱熹和其他官员。

朱熹继承了北宋周敦颐、程颐等人的学问，主张理学和道学，倡导所有研究学问的人都应"修身养性""正心诚意"，他也因此成为理学和道学界的宗师。彷徨苦闷的士子们报国无门，就将身心寄托在探究道德性命等问题上，这样一来，道学家的队伍日益壮大。韩侂胄一派自然不认可，认定这是打着义理之学的"幌子"从事政治活动。庆元二年，朝廷将理学定义为"伪学"，指责他们披着研究学问的外衣大搞政治阴谋。同时规定，凡是诸路州郡的监司帅守保荐官员时，必须在保荐书中证明被保荐者不是"伪学逆党"；各地举行乡试时，参加考试的士子必须先行填写"家状"，声明自己不是"伪学"；科举答卷中只要涉及理学内容，一律不予录取。

韩侂胄唯恐这些打击不够彻底，担心理学在儒生群体中仍有广泛影响，于是将矛头再次对准朱熹。他授意监察御史沈继祖列举了朱熹"不忠、不孝、不仁、不义、不恭、不谦"的六大罪状，要求朝廷"斩朱熹以绝伪学"。他们还毁谤朱熹为"伪学之魁"，说他"以匹夫而窃人主之柄，鼓动天下"，实乃"图为不轨"。庆元三年（1197年）冬，当权派又列出一份"伪学逆党"名单，包括赵汝愚、朱熹、周必大等共计五十九人，将他们定为政治罪犯。尽管这些人大部分都已离开人世或被罢免，但韩侂胄一党仍穷追不舍，执意加强打击，足见双方之水火不容以及韩侂胄一党对理学的忌惮。这些发生在庆元年间的政治倾轧事件被后世称为"庆元党禁"。

面对朝廷的疾风骤雨、雷电交加，被罢黜的朱熹坦然面对。他和辛弃疾保持了深厚的友谊，认为辛弃疾是世间难得的英才，同时又心怀惋惜。在他看来，倘若辛弃疾"早向里来有用心处，则其事业俊伟光明，岂但如今所就而已"。无论与辛弃疾通信还是晤谈，他都劝勉对方要"克己复礼，凤兴夜寐"。在当代大贤的谆谆教诲下，辛弃疾对朱熹的学识和品行也越来越钦佩。绍熙五年（1194年）冬，朱熹在武夷山修建"武夷精舍"时，时任福建提刑的辛弃疾还专程前去观览，并在《寿朱晦翁》中用"山中有客帝王师，如公仅有两三人"等句称颂朱熹的不二事功。庆元四年（1198年），辛弃疾被恢复主管建宁府武夷山冲佑观的贴职后，按规定本不需亲往寺中供职，他却丝毫不忌讳伪学之禁，经常借供职之名去武夷山与朱熹会面。庆元六年（1200年）三月，朱熹于武夷山中逝世。听闻噩耗的那一刻，辛弃疾感到难以置信，他刚刚收到朱熹恭贺他复职的信，怎么说走就走了呢？两人连一句道别的话都来不及讲，就这样永别了。

这一刻，如潮的悲伤裹挟着他。这些年来，身边的至交好友接连离他而去，范如山走了，陈亮走了，如今朱熹也去了。环顾四周，辛弃疾不禁悲从中来，人生苦短，倘若没有知己同行，岂不太过暗淡无光？然则，岁月无情，把他的朋友们一个个从他的生命中抽离。已近暮年的他还经得起多少生离死别？这一刻，辛弃疾心中充满了前所未有的恐惧，他不知道自己还有多少时间，是否来得及实现他的抱负……

朝廷得知朱熹去世的消息后，下诏严禁人员前往武夷山吊唁会葬。此时朱熹的门人弟子大多已经遁走江湖，以避祸端。更有软弱的门人竟公开表示与朱熹断绝关系，"过门不入"，"以自别其非党"。此时天下正"谈朱色变"，昔日门徒友人为了自保都噤若寒蝉，导致"门生故旧至无送葬者"。在这种恐怖的氛围下，辛弃疾却毫不犹豫地去了，他一定要送老友最后一程。

难得辛弃疾公然逆浪潮而立，丝毫没有妥协退缩的想法；难为辛弃疾性情始终如一，诚如陈亮所赞"挠弗浊，澄弗清"，立身浑然自如。人生行至此处，他心里很清楚：只看义在何处，行去莫问前途！

老骥伏枥，起帅浙东

庆元四年（1198 年），朝廷突然下诏恢复辛弃疾的集英殿修撰之职，主管建宁府武夷山冲佑观。获知拜职奉祠的消息后，辛弃疾的欣喜已不再是青年时的欢呼雀跃，摆在他眼前的现实问题是尽快恢复衰老的病体。他已经适应了在瓢泉自在隐逸的生活，满以为朝廷遗忘了他这个老朽，谁知"相忘却自难"。

老退何曾说著官，今朝放罪上恩宽。便支香火真祠俸，更缀文书旧殿班。

扶病脚，洗衰颜，快从老病借衣冠。此身忘世浑容易，使世相忘却自难。

（辛弃疾《鹧鸪天·戊午拜复职奉祠之命》）

辛弃疾对朝廷突如其来的圣旨喜不自禁，对他来说，这是一种政治待遇以及朝廷对他的再度认可。当圣旨送到瓢泉时，他的身体正抱恙，但仍强从病榻上起身，吩咐家人打来热水，洗一洗晦气。家人担心他的身体，他却催促家人赶紧去借一套冠带来。

瓢泉的山水虽然可以暂时抚慰辛弃疾，却无法消除他积郁已久的愤懑，更无法满足他壮志未酬的期待。等待和希望让他陷入了漫长的煎熬，若放弃，又百般不甘。嘉泰三年（1203 年），已经六十三岁的辛弃疾又接到朝廷任命，起用他为绍兴府知府兼两浙东路安抚使。他对韩侂胄排除异己、专断国事的种种行径早有耳闻，甚至颇有微词。但与毕生渴求的北伐中原之梦想相比，这些他都可以忍受。韶华易逝，他已不再年轻，若不趁此机会出仕，收复中原的梦想恐怕再难实现。为了坚定心志，他赋词表达了自己的憧憬：

西湖万顷，楼观矗千门。春风路，红堆锦，翠连云，俯层轩。风月都无际，荡空蔼，开绝境，云梦泽，饶八九，不须吞。翡翠明珰，争上金堤去，勃窣媻姗。看贤王高会，飞盖入云烟。白鹭振振，鼓咽咽。

记风流远，更休作，嬉游地，等闲看。君不见，韩献子，晋将军，赵孤存。千载传忠献，两定策，纪元勋。孙又子，方谈笑，整乾坤。直使长江如带，依前是、□赵须韩。伴皇家快乐，长在玉津边，只在南园。

（辛弃疾《六州歌头》）

这首词满是铿锵有力的短句，一如辛弃疾此时的心境，潇洒凌云气势丝毫不减当年。身在临安西湖，除了见证所有风月，他还目睹了飘荡在红尘间的红锦绣、翠涟漪。通过锦绣风景重现往昔发生在这里的将军战、士兵闯，仿佛凭这些昔日的辉煌，英勇的将士们就能渡过淮河，直捣金兵大营。词的下半阕含蓄隐晦地指摘了韩侂胄藐视皇家、荒芜朝政的做法。他借称颂历史上忠肝义胆的人物如程婴等，讽刺了韩侂胄作为外戚的种种不齿行径。其爱憎分明、豪气干云一如从前。

对于辛弃疾此次再被起用，朱熹的门生黄榦给他写信说："恭惟明公，以果毅之资、刚大之气，真一世之雄也。而抑遏摧伏，不使得以尽其才。一旦有警，拔起于山谷之间，而委之以方面之寄，明公不以久闲为念，不以家事为怀，单车就道，风采凛然，已足以折冲于千里之外。"这也足以说明辛弃疾此番重新出仕，是为国事、民生所虑而再起。

辛弃疾到任后，首先着手整治绍兴府的贪污腐败、侵扰民生等问题。

两宋时期经济虽然发达，但因冗员多，官府效率低下，强加给民众的苛捐杂税为历代最重。当时南宋境内的农户仅完成官府加派给他们的各种赋税已竭尽全力，遑论各地豪强和贪官污吏还在"因缘为奸"，公然对民众巧取豪夺，榨取民脂民膏。

当时浙东的经济问题，与辛弃疾之前在福建遇到的情况如出一辙，于是他向朝廷上奏论述了"州县害农之甚者六事"。其中一件是关于"折变"的，他列举了各地"输纳岁计有余，又为折变，高估催纳"的弊端；还有一件是地方官员枉法向民户多要"斗米面"和多收钱货。辛弃疾举例说，一名官员担任四年郡守，可多征赋税折合米面六十万斛、钱百万余贯，这些搜刮来的财富都贮存在另外的谷仓和钱库中。而后交出这些米面时，再谎称是用百万多贯钱采买得来，从而将这一大笔钱款装入自己的腰包。针对如此肥己害民之事，辛弃疾在奏章结尾提出，希望朝廷采取果决手段进行制止，通令朝内言官及各路提点刑狱"察劾无赦"。

辛弃疾在浙东任上还镇压了一起私盐商贩的动乱事件。这对曾经剿灭茶商军、创建飞虎军的辛弃疾来说，无疑是手到擒来。这次平乱的许多细节，都让他忆起曾经的战斗岁月，也引发了他的沉思：为何盐商情愿铤而走险，举起义旗，与朝廷背向而行？这民不聊生、不堪一击的社会，如何才能抵御金国的威胁？朝廷只管下令镇压这些乱民，却对背后的原因置若罔闻，缘何至此？……一系列的问题久久萦绕在他的脑海中，令他心乱如麻。

为了平复心绪，他决定利用闲时约二三好友一同寻访古圣贤遗迹。一天，辛弃疾约好友姜夔、岳甫等人一同到秋风亭登高望远。秋风亭是辛弃疾偶然所得。某次，他途经此处，发现由此处远眺的风景甚为壮观，便命人修葺一番，取名"秋风亭"，供登临望远之用。

三人登上亭子极目远眺，看着眼前的破败山河，想起中原饱经苦难的黎民百姓，不禁黯然神伤，顿感飘零无依，作词为记。

亭上秋风，记去年袅袅，曾到吾庐。山河举目虽异，风景非殊。功成者去，觉团扇、便与人疏。吹不断、斜阳依旧，茫茫禹迹都无。

千古茂陵词在，甚风流章句，解拟相如。只今木落江冷，眇眇愁余。故人书报：莫因循、忘却莼鲈。谁念我、新凉灯火，一编太史公书。

（辛弃疾《汉宫春·会稽秋风亭观雨》）

词的起句化用屈原《九歌·湘夫人》"袅袅兮秋风"一句，"山河举目虽异，风景非殊"则借用《世说新语·言语》中的典故：东晋时南渡的士大夫常到新亭聚游饮宴，周颛中坐而叹："风景不殊，正自有河山之异。"在座众人都相视落泪。辛弃疾和友人们登秋风亭看到的风景依旧，但眼下山河破碎，西风苍凉，与东晋士大夫一样

186

顿生无限感慨。秋风中夕阳西下，昔日大禹治水的遗迹已无处可寻，而南宋再无像大禹一样的英雄能力挽狂澜。相传，汉武帝巡行河东时作《秋风辞》："秋风起兮白云飞，草木黄落兮雁南归……"辛弃疾在秋风亭上联想《秋风辞》，不仅是节令上的偶合，更是借缅怀汉武帝抗击匈奴、强盛帝国的傲人功绩，暗指南宋朝廷的懦弱无能。

辛弃疾感慨一番后，姜夔也大受触动，随即依韵赋词一首：

云日归欤。纵垂天曳曳，终反衡庐。扬州十年一梦，俯仰差殊。秦碑越殿，悔旧游、作计全疏。分付与、高怀老尹，管弦丝竹宁无。

知公爱山入剡，若南寻李白，问讯何如。年年雁飞波上，愁亦关予。临皋领客，向月边、携酒携鲈。今但借、秋风一榻，公歌我亦能书。

（姜夔《汉宫春·次韵稼轩》）

秋风萧瑟，阴雨绵绵，这凄清之景多么像他们身后的南宋朝廷，在风雨中飘摇无定。他们如此渴望砥砺前行、重振河山，如此期盼将满腔热血倾洒在每一次抗争的战场上。怎奈时局颓败，朝廷懦弱，且时不我待，他们的汹涌热血只能在哀叹中一点点地耗尽。江山易冷，故国难回，心中的痛楚清晰可辨！

放翁叮咛

绍兴府，古名越州，又名会稽。传说大禹曾在此大会诸侯，论功行赏，因此得名会稽。这里被后人誉为圣人之地、霸业之都、秀色之城。大禹一生中的四件大事——封禅、娶亲、计功、归葬，都发生在会稽，可谓圣人之地。其后人在此建立越国，春秋时越国在勾践的领导下伐灭吴国，争霸中原，强盛一时，可谓霸业之都。越王勾践卧薪尝胆时，曾派美女西施魅惑吴王，令吴王沉迷美色无法自拔，最终亡国，而西施亦被列为"中国古代四大美女"之首，绍兴无疑又是秀色之城。

绍兴文化昌盛，离京城又近，远非清净远僻的上饶可比。此时辛弃疾早已声名在外，隐居在绍兴的文人墨客大多围在他身边，一些江湖词人也慕名而来。

嘉泰三年（1203年）六月，在浙江绍兴山阴一所破旧的草堂边，两位双鬓斑白的老者相遇，他们执手相看泪眼，久久不肯放开。这两位老人就是陆游和辛弃疾，当时陆游七十八岁，辛弃疾六十三岁。

相见前一个月，陆游刚从京城回到故乡，辛弃疾则刚刚赶赴绍兴府就任，难得的机缘巧合促使这两位爱国文人有了这次历史性的相见。

陆游，字务观，号放翁，本是绍兴山阴人。他一生境遇坎坷，先是因科举考试成绩突出，排名在秦桧的孙子前面而遭到秦桧打压，仕途无望。直到秦桧死后，他才以赐进士出身选入朝中为官。他性情耿直，复国心切，屡屡犯颜直谏，因此得罪皇帝，多次被贬。

其实，他们二人的渊源并非始于这次相见。早在四十多年前，陆游就听说了辛弃疾的事迹。那一年，二十二岁的辛弃疾于敌营中生擒叛将张安国，冲过烽火战场策马南归，受到宋高宗的连声称赞，其年少英雄的形象便刻印在陆游的脑海中。宋孝宗时期，陆游意气风发地协助张浚策划北伐，得知辛弃疾未被重用，立即向朝廷提议纠正重南轻北的偏向，重用流亡江南的北方英贤，使朝廷更有向心力、军队更具战斗力。遗憾的是，朝廷没有采纳他的意见，他本人也因北伐失败而被罢免。

辛弃疾素来崇拜啸傲山林的隐逸高人。淳熙十三年（1186年），他在江西归隐时无意中读到陆游的《临安春雨初霁》，深为陆游的才华所折服，尤其是诗歌前两联"世味年来薄似纱，谁令骑马客京华。小楼一夜听春雨，深巷明朝卖杏花"，让他连连自叹弗如。正值壮年却无奈闲居江西上饶，而又不甘沉沦的辛弃疾，与陆游遥遥相和，印行了自己的第一本词集《稼轩词甲集》。

时光流转，如今陆游在野他在朝，辛弃疾内心百味杂陈。此时陆游的好友范成大、辛弃疾的好友陈亮以及他们共同的好友朱熹等都已相继故去。终于见到倾慕多年的人，陆游孤寂的心一下子鲜活起来，辛弃疾的感伤与寂寞也瞬间消失得无影无踪。当天，两人在陆游的书屋谈诗词，论北伐，有着说不完的话题，直到天色已暗，辛弃疾才依依不舍地道别。

出门时，辛弃疾注意到陆游的草堂已经破旧不堪，于是提出要为陆游修葺屋舍，但被陆游婉言谢绝。陆游知道辛弃疾政务繁忙，不愿占用他的时间，同时也不愿意浪费国家的钱财，他觉得那些钱财应该用到更合适的地方。陆游这种甘于清贫的崇高品性令辛弃疾更加钦佩，他不便勉强，准备以后再找时机劝说陆游，没想到此事再也没有机会实现。

后来，韩侂胄为了巩固自己在朝野的威望，决定出师北伐，急调辛弃疾回京。辛弃疾动身离开绍兴时，陆游还特地作长诗为他送行。他们都知道韩侂胄出兵的动机不纯，但抗金是大家共同的目标，因此陆游在诗中语重心长地嘱咐辛弃疾以大局为重，同心对敌，消除过去的嫌隙。

> 稼轩落笔凌鲍谢，退避声名称学稼。
> 十年高卧不出门，参透南宗牧牛话。
> 功名固是券内事，且茸园庐了婚嫁。
> 千篇昌谷诗满囊，万卷邺侯书插架。
> 忽然起冠东诸侯，黄旗皂纛从天下。
> 圣朝仄席意未快，尺一东来烦促驾。
> 大材小用古所叹，管仲萧何实流亚。
> 天山挂旆或少须，先挽银河洗嵩华。
> 中原麟凤争自奋，残虏犬羊何足吓。
> 但令小试出绪余，青史英豪可雄跨。
> 古来立事戒轻发，往往谗夫出乘罅。
> 深仇积愤在逆胡，不用追思灞亭夜。

（陆游《送辛幼安殿撰造朝》）

虽然陆游与辛弃疾的实际交往并不多，但他很可能是最了解辛弃疾的人。遗憾的是，陆游的劝告来得似乎迟了些。

何处望神州

早在庆元二年（1196年），南宋曾派韩侂胄出使金国，或多或少对金国内部的状况有所了解。在探知金国因内外交困而"兵连祸结，国势日弱"后，韩侂胄北伐的念头愈发强烈，认为趁金国自顾不暇之机对其用兵必能取胜，从而创立"盖世功名"，巩固自己在朝廷中的威望。于是，他从嘉泰三年（1203年）起开始聚财募卒，打造战船，增置襄阳骑兵和澉浦水军，开始全面战备工作。同时，他还解除"伪学党禁"，意图收揽士大夫为北伐出谋划策。更为关键的是，他起用了若干主战派的骨干人物，以求振作气势。辛弃疾突然被起用，以及受到宋宁宗召见，都是韩侂胄系列行动中的一环。

对于韩侂胄的北伐计划，辛弃疾是赞成的。然而，战争不是口舌之战，必须知己知彼才能百战不殆。在宋高宗、秦桧等人的长期统治下，南宋初期的士气和民心遭到严重打压，导致士气低迷、人心涣散。四十年过去了，南宋朝廷依然奉行对金屈服的政策，民间复国的声音逐渐消失，对朝廷更多的是失望。此外，南宋军队久未征战，无论将军、士兵还是军备等，都无法与金国较量。因此，辛弃疾认为还需要长时间的准备，待各方面条件具备后方可出兵北伐。

　　嘉泰四年（1204 年）正月，街头巷尾弥漫着浓浓的年味，老百姓其乐融融地阖家过年。这时，一道圣旨冲开和谐的氛围，来到辛弃疾手上，大意是召他"言盐法"兼商讨伐金大计。已是桑榆晚景的辛弃疾面对这次意外的传召半晌说不出话来，这个久为复国梦想费神的老叟终于体会到"守得云开见月明"的豁亮。他在临安觐见了宋宁宗，陈述了盐法的施行办法，并就北伐的相关问题阐明了观点：第一，金国遭遇内忧外患，乱亡将至。朝廷若抓住机会，积极推动北伐，定能一雪前耻，收复中原失地。第二，北伐非小事，应谨慎从之。朝廷需将此事交付抗金元老大臣，依据形势发展制定应变策略，有备无患地进行北伐。

　　辛弃疾之所以强调北伐必须交由元老大臣，言外之意是暗示宋宁宗不要将此等重任交给轻浮寡谋之人，更具体的是指由韩侂胄一手提拔且受韩侂胄倚重的官员。那元老又是指哪些人呢？必然是德高望重的旧臣、老臣以及宰相，具体而言就是在野的周必大、杨万里、陆游等人以及在朝的自己。这自然有了主动请缨的意味。但很显然，韩侂胄与辛弃疾对"元老"的看法并不一致。韩侂胄是不是元老大臣并不重要，因为他本来就集军政大权于一身，不可能亲赴战场，而辛弃疾的权限也不可能越过韩侂胄。辛弃疾所求的无非是亲赴沙场上阵杀敌，而不仅仅是在后方谋划。

　　宋宁宗召对后，辛弃疾被加官为宝谟阁待制、提举佑神观，还特许他定期觐见皇帝，商讨国事、汇报军情等。

　　大权在握的韩侂胄很清楚辛弃疾的主战决心和过人才干，通过这次召对，他也了解到辛弃疾个性桀骜且意志坚定，不同于朝廷中那些唯唯诺诺的官员，不好驾驭。于是，他向宋宁宗建议，派辛弃疾坐镇京口（今江苏省镇江市京口区），以待日后用兵之际前后接应。嘉泰四年（1204 年）三月，一纸诏书将年逾六十的辛弃疾由临安调任镇江知府，以委军事重任的理由赐予金带。

镇江府治所京口位于建康下游，地处长江津口，北邻扬州，历来为兵家必争之地，战略位置仅次于南宋陪都建康。京口对辛弃疾而言并不陌生，南渡后他曾长居于此，并在这里续娶范氏，组建了美满的家庭。

从表面上看，让辛弃疾驻守此地颇有倚重意味，但辛弃疾更希望能亲自参与北伐。镇守地方并非他的意愿，后来的事实也证明京口并不是北伐的主战场。

被变相边缘化的辛弃疾上任之初也颇感失落，但他不愿放弃这次可能是唯一距离北伐最近的机会，最终欣然前往。到任后，他积极筹备北伐。宋朝重文轻武，军队积弊很深，缺乏战斗力。他深刻地意识到这一点。为此，他主张创建新军，并且准备从宋、金边境招募新兵。与内地浸淫在农耕文化中的乡民相比，边境居民久经战乱，民风彪悍，作战勇猛。他让人专门制作了一万件红色战衣，待招募新兵后陈列江上，以彰显国威。他还向金国密集派遣了诸多间谍探听情报，为了更准确、及时地获取情报，他给予这些间谍丰厚的报酬和赏赐。

在重点关注军事的同时，辛弃疾并没有忘记为老百姓谋福祉。在他看来，军民是紧密相连的整体。他经常四处走访，体察当地民情，重视文化教育。当看到当地学堂因经济困厄而关门，教书先生退教归田，孩子们只能在街边玩耍时，他立即下令下拨官田以补贴学堂经费，让适龄儿童接受教育。

镇江是个历史文化悠久的重镇，文物古迹星罗棋布。辛弃疾看到当地历史名人如范仲淹、沈括等的部分遗迹因年久失修显得破败不堪时，倍觉痛心，马上着手命人修葺。

长江南岸有一座北固山，其横枕大江，山势险要。山上有亭名为北固亭，又称北固楼。登亭远眺，江水浩浩荡荡，群山逶迤，草木葱郁，天地一片苍茫，宛若一望无际的中原大地。"靖康之耻"发生后，很多南渡的官民思念故土，常常登上此楼北望，因此它又被称为"北顾亭"。辛弃疾登上北固亭，心中想到北伐胜利那一日凯旋的场景，难抑内心激动，提笔写下著名的《南乡子》：

何处望神州？满眼风光北固楼。千古兴亡多少事，悠悠。不尽长江滚滚流。

年少万兜鍪，坐断东南战未休。天下英雄谁敌手，曹刘。生子当如孙仲谋。

（辛弃疾《南乡子·登京口北固亭有怀》）

词以问句起首，哪里可以眺望中原故土呢？登上北固亭而望神州，邈远优美的风光尽收眼底。千百年的盛衰兴亡，不知经历了多少朝代变幻，无人说得清，往事连绵不断，如同没有尽头的长江水滚滚奔流，不舍昼夜。在历史的洪流中，辛弃疾想到了青年孙权。孙权临危受命，少年当政，统领千军万马独霸东南，坚持与曹、刘两家对抗，从不妥协。天下英雄济济，谁才是孙权的敌手呢？唯有"天下英雄"曹操和刘备可以跟他鼎足成三。难怪曹操攻濡须时感叹："生儿子就应当如孙权一般！"清代陈廷焯在《云韶集》中称赞辛弃疾这首词"魄力之大，虎视千古"，尤其是最后一句，更将三国英豪并起、壮怀激烈的阳刚之气发挥到极致。

缅怀，源于现实的缺失，故而期期念念要追溯历史寻求寄托。南宋王朝偏安一隅已久，躺在莺歌燕舞的江南温床上得过且过，满朝文武有几人想过要力挽狂澜，抗金复国？寥寥！如今像辛弃疾一样"众人皆醉我独醒"的人举步维艰，他们前进受制，后退又不甘。对于复国梦的执守让辛弃疾"老夫聊发少年狂"，但到底桑榆已晚，霞已褪去，可惜可叹。

千古京口

辛弃疾任职镇江时，士大夫中有一个名叫刘宰的人。辛弃疾卸任福建帅臣重回信州闲居时，刘宰恰好被派往信州做考官，两人由此相识成为朋友。此次辛弃疾被派到镇江，刘宰得知后立刻写信表达祝贺和欢迎。

奉上密旨，守国要冲。三辅不见汉官仪，今百年矣；诸公第效楚囚泣，谁一洗之？敢因画戟之来，遂贺舆图之复。岂比儿童之拍手，谩夸师帅之得人。

待制（指辛弃疾）盖世之气，如圯下子房；剂量济世之策，若隆中诸葛。……自介圭之入觐，借前箸以为筹：究财货之源流，指山川之险易。金马玉堂之学士，闻所未闻；灞上棘门之将军，立之斯立。

（《漫塘文集》卷十五）

尽管刘宰信中不乏恭维，却也真实反映出当时的士人对辛弃疾的评价和期望。他们希望辛弃疾如张良、诸葛亮一般受到朝廷重用，尽力施展自身才干，实现恢复中原、一雪国耻的大业。

在辛弃疾夜以继日地为北伐积极筹备之时，独揽朝政的韩侂胄也在紧锣密鼓地准备北伐。他一方面利用舆论造势，首先在镇江为抗金英雄韩世忠建庙祭祀，还追封已故的岳飞为鄂王，并夺回秦桧的"忠献"谥号，改为"谬丑"。这一系列崇岳贬秦的举措为他赢得大部分主战派的支持。同时，他又派遣使者到金国刺探军情，获知金国国势已经衰弱，讨伐金国胜券在握。

随后，以韩侂胄为首的官员对抗金北伐变得盲目乐观起来，抗金的情绪和信心在种种举措的刺激下瞬时高涨。针对这种"泡沫"局势，辛弃疾毫不犹豫地站出来"降温"，认为金国的实力虽然不如以往，但其军力仍不可小觑，绝非南宋可以轻易抗衡。他还向同僚展示了自己已经掌握的锦图，上面详细标注了金兵的兵马数量、驻扎地点以及将帅姓名。所有信息都显示此时出兵伐金，无异于以卵击石。南宋只有做更多、更完善的准备才有可能取胜。在场的同僚看到锦图后都陷入了沉默，但韩侂胄坚信他的作战计划万无一失，认为辛弃疾的看法过分悲观，是长他人志气，灭自己威风。

苦劝无果的辛弃疾十分烦闷，无法排解内心的积郁，他再次前往北固亭。他沿着京口的东吴古道，独自拾级而上，凭栏远眺，看着北固山以北的大片河山被金国铁骑踏在脚下，不知何日才能收复故土旧疆。郁闷难消，反而愁上加愁。被万般愁绪裹挟的辛弃疾奋笔写下《永遇乐·京口北固亭怀古》，一纾心中滞气：

千古江山，英雄无觅，孙仲谋处。舞榭歌台，风流总被，雨打风吹去。斜阳草树，寻常巷陌，人道寄奴曾住。想当年，金戈铁马，气吞万里如虎。

元嘉草草，封狼居胥，赢得仓皇北顾。四十三年，望中犹记，烽火扬州路。可堪回首，佛狸祠下，一片神鸦社鼓。凭谁问，廉颇老矣，尚能饭否？

（辛弃疾《永遇乐·京口北固亭怀古》）

这首词被后人推崇为最能代表辛弃疾风格的作品，字里行间不仅充满了斗志和激情，更蕴藏了浓郁的悲壮色彩。明代杨慎曾云："辛词当以京口北固亭怀古《永遇乐》为第一。"

所谓"站得高，看得远"，辛弃疾每次登高都有新的情愫在胸口灼烧，即便登临同一座楼亭，也会因心境不同而衍生不同的情感。上一次登临北固亭时，他心中尚对未来充满希望，如今再次登临，时局却如寒冰一般，任多少热血也难将其融化。他以"千古江山"起笔，喷薄而出，力沉势雄，为本词定下了爽朗高古的格调。他感慨千古江山再难找到像孙权那样的英雄，寄奴是南朝宋武帝刘裕的小字，刘裕先祖随晋室南渡，世居京口。如今，刘裕的居所也沦落为毫不起眼的"斜阳草树""寻常巷陌"，不复当年的辉煌与气势。在风雨无情的洗刷下，一切都将杳然无闻，永恒何在？

元嘉二十七年（450年），宋文帝刘义隆命王玄谟北伐拓跋氏，因准备不足，又贪功冒进，以惨败收场。北魏太武帝拓跋焘乘胜追至长江边，扬言欲渡长江。宋文帝登楼北望，深悔不已。如今韩侂胄等人急功冒进、贪功心切，与历史的前车之鉴又有什么分别呢？"四十三年，望中犹记，烽火扬州路"，辛弃疾将笔锋从沉寂远去的历史拉向切近的自身，开始追忆往事。他回顾自己一生戎马，如今眼看英雄老去，机会不复，心中涌起一腔无从诉说的悲愤。佛狸是北魏太武帝拓跋焘的小字，北方百姓把他当作神明供奉，辛弃疾目睹此景，不忍回首当年的"烽火扬州路"。此处用"佛狸"代指金主完颜亮。"佛狸祠下，一片神鸦社鼓"与"四十三年，望中犹记，烽火扬州路"形成了鲜明的对比。当年沦陷区的百姓与异族统治者进行不屈不挠的斗争，烽烟四起，但如今的中原早已风平浪静，沦陷区的百姓已经安于异族统治，甚至对异国君主俯首称臣。不忍回首往事，实际上是不忍接受眼前的现实。他想以此劝告南宋统治者，收复失土刻不容缓，如果继续拖延，民心日去，中原恐怕难以收回。

词的最后，辛弃疾以廉颇自比，一是表达抗敌决心，自己和廉颇当年在赵国一样，对朝廷忠心耿耿，只要起用便当仁不让，随时准备奔赴疆场，抗金杀敌。二是显示能力，自己虽然年迈，但仍和老年廉颇一样，勇武不减当年，足以充任北伐主帅。三是抒写忧虑，廉颇曾为赵国立下赫赫战功，但被奸人设计陷害，落得离乡背井的凄凉下场，虽愿为国效劳，却报国无门。如今已是暮年老叟的他，担忧会遭遇和廉颇一样的处境，朝廷屡次弃而不用，用而不信，才不得施，志不能酬。

为了实现收复故土、恢复中原的志向，辛弃疾甚至逼迫自己放下身段，以求和韩侂胄共同北伐，但他的努力和妥协没有换来韩侂胄的信任。他无法不埋怨、不愤懑，为何一腔报国热情无处施展？为何韩侂胄一派处处针对自己？……当然，他旷达的心性决定了这些"负能量"都是暂时的，每当看到军队井然有序地操演训练以及将士们刚毅勇武的面孔，他便感觉北伐仍有希望。

开禧元年（1205年）后，宋宁宗召见辛弃疾商讨伐金的次数越来越少，并有了明显的疏离，辛弃疾隐约感到不安。他的忧虑并非空穴来风，同年六月，宋宁宗听从韩侂胄的建议下发密令："诏内外诸军，密为行军之计。"唯独没有通知辛弃疾参加。

在此期间，辛弃疾举荐的某个官员触犯了律法，韩侂胄借此机会大做文章，对辛弃疾以"坐谬举之责"予以"降两官"处分，由朝议大夫降为朝散大夫，免去镇江知府，迁任隆兴知府。辛弃疾曾数次强调镇江的重要战略地位，因此，当他得知自己从镇江被撤走时，一时难以接受，他渴盼为恢复大业出力的愿望又一次落空了。

辛弃疾踏入仕途四十年，施政为官仅二十年，被调动三十七次，其余二十年一直在罢黜闲居中度过。罢官归田时，他白天对酒吟诗赋词，两耳不闻天下事，但夜深人静褪下故作豁达的伪装后，苦到极致的内心仍在期盼复国之梦能得以实现，这让他无法甘心归隐。何以解忧？唯有反复咀嚼曾经声声战鼓催促下奋勇杀敌的过往。

如今，最后一根希望的稻草被韩侂胄无情地铲除，辛弃疾真实地品尝到心灰意冷的滋味。人生六十余载，恍如隔世。离开镇江前，忧愤不已的他写下一首词记录心事：

胶胶扰扰几时休？一出山来不自由。秋水观中山月夜，停云堂下菊花秋。

随缘道理应须会，过分功名莫强求。先自一身愁不了，那堪愁上更添愁。

（辛弃疾《瑞鹧鸪》）

辛弃疾平生第一次感到心力交瘁，这种周而复始的厄运，无休止地蔓延到他的整个政治生涯之中。希望渺茫，而梦想终难实现。愁肠百结的辛弃疾独自登上郡宅旁的尘表亭，写下《生查子·题京口郡治尘表亭》寄怀：

悠悠万世功，矻矻当年苦。鱼自入深渊，人自居平土。

红日又西沉，白浪长东去。不是望金山，我自思量禹。

（辛弃疾《生查子·题京口郡治尘表亭》）

面对京口一派江山如画、烟火万家的绚丽景象，辛弃疾心中想的却是"鱼自入深渊，人自居平土"。世间万物均能各得其所，追本溯源，这都是大禹的伟大功绩。如今南宋岌岌可危，在这苟且偷安、不思自振的人欲横流中，必须要再有一个为民造福的神禹出来治水平土，力挽狂澜，重整山河。然而，当下的南宋朝廷不允许也无法接受大禹那样的人出现，呜呼哀哉！

第九章

浮生若梦：归来华发苍颜

韩侂胄为谋事功，贸然率兵发起"开禧北伐"，不到一个月时间，宋军落败，溃不成军。在瓢泉养病的辛弃疾闻讯很受打击，他无法释怀朝廷面对韩侂胄一党的人云亦云、缺乏主见，以及主和派罔顾国家、只图苟活的奴颜婢膝。多年志不得舒的积郁，终于压垮了他壮实的身躯。曾经意气风发、激情洋溢的英豪被无情的岁月磨耗成疾病缠身、日暮西山的老朽。曾几何时，那耀眼明亮的复国梦想如熊熊火焰般炽烈燃烧，如今却似风中残烛羸弱无力，随时都有可能熄灭。古来英雄何处？萧索末路……

廉颇老矣，尚能饭否

开禧元年（1205 年），辛弃疾简单收拾行囊，准备赴隆兴上任。就在这个时候，他此前登北固亭远眺后即兴写下的《永遇乐·京口北固亭怀古》传到朝廷中，韩侂胄从词中读出了辛弃疾的深意，对其轻妄的态度深为不满，于是指使言官重提旧事，弹劾辛弃疾"好色贪财、淫刑聚敛"，免去其隆兴府知府的新职，改授"提举冲佑观"的虚名。这样，辛弃疾还未来得及到江西上任，便再次被罢官归耕。所有关于镇江的设想、规划连同他的梦想和希望，一同灰飞烟灭了。

这年七月，辛弃疾带着千疮百孔的理想和万念俱灰的心情离开镇江。行舟到余干（今江西省上饶市余干县）时，恰遇鄱阳湖上风大浪急，面色忧伤的辛弃疾站在船头，被风吹得须发凌乱，更显憔悴，遂作词述怀：

乙丑奉祠归，舟次余干赋。

江头日日打头风，憔悴归来邴曼容。郑贾正应求死鼠，叶公岂是好真龙。

孰居无事陪犀首，未办求封遇万松。却笑千年曹孟德，梦中相对也龙钟。

（辛弃疾《瑞鹧鸪》）

词中化用诸多典故反复述说一个中心，那就是朝廷不识真正的人才。自己本无过错，却无端受人构陷，遭到贬退，这与当年屈原的经历极为相似。

辛弃疾用"打头风"开篇，让人感同身受，体会到他内心的委屈。"憔悴归来邴曼容"，很显然这不是正常的离任。接着他用两个典故说明当今主事者大谈人才完全是叶公好龙，一片虚伪。"孰居无事陪犀首，未办求封遇万松"，将犀首无事好饮一典及《庄子·天运》"孰居无事"一语联用，表达自己老年罢官、抗金事业无成之后极度灰心失望的情绪。最后，辛弃疾以解嘲的语气提到曹操，即便他生在今日，也未必能施展才华，空老一生。借此讽刺当朝统治者的昏庸无道，哀哉！此生不忘的北伐复国梦想终如镜中月、水中花，光影无存。

这次归隐田园后，辛弃疾再无豪情气盛之态，以往他被罢黜返乡时都有"久在樊笼里，复得返自然"的兴奋，继而带着内心的期盼等待来日。现在他才如梦初醒，曾经所有的挣扎和呐喊都不过是一厢情愿的徒劳。

几个月后，赋闲于铅山县的辛弃疾突然接到诏令，任命他为绍兴知府兼浙东安抚使。这是继隆兴知府任上的弹劾后朝廷发出的第二个调令。对此，辛弃疾异常平静，没有半分喜悦，也无半分渴望。哀莫大于心死，他毅然向朝廷上疏请辞。短期内尝遍起伏冷暖的他仿佛已看淡仕途，甚至看淡国仇家恨、民族大义。环顾四周，他突然觉得这些陪伴自己多年的景色竟生出特别的样貌，足见境由心生。为排解愁绪，他提笔写道：

紫陌飞尘，望十里、雕鞍绣毂。春未老、已惊台榭，瘦红肥绿。睡雨海棠犹倚醉，舞风杨柳难成曲。问流莺、能说故园无？曾相熟。

岩泉上，飞兔浴。巢林下，栖禽宿。恨荼蘼开晚，谩翻船玉。莲社岂堪谈昨梦，兰亭何处寻遗墨？但羁怀、空自倚秋千，无心蹴。

（辛弃疾《满江红》）

开禧二年（1206 年）五月初七，南宋不宣而战，发动北伐，史称"开禧北伐"。当北伐的号角吹到辛弃疾耳边时，他心里仍像被尖刀刺穿一样，瞬间痛彻心扉，继而又沉寂下来。北伐终于开始了，却远在千里之外，远在他双手无法触碰的地方。

为了这个梦想，他铺陈了大半生，拼搏了大半生，也忍辱负重了大半生。从最初的山野无名到如今废弃铅山，岁月无常，平白消磨了他太多热血和时光。现在他只是一个无足轻重的旁观者，尽管北伐战场遥不可及，他却似亲临目睹一般，"叠嶂西驰，万马回旋，众山欲东"。连绵的青山化身为奔驰的骏马，千峰万壑如同回旋的阵仗，其间层层林木似马上骑兵骁勇向前。

北伐如火如荼地进行着，辛弃疾的心也终日惴惴不安。他时刻关注着战局，何时开战，如何进行，何时出现转机……然而，传到他耳朵里的消息一日不如一日。他的身体也每况愈下。"开禧北伐"拉开帷幕后，宋军起初进展顺利，相继收复了泗州等地。但金国也事先觉察到南宋"将谋北侵"，做好了相应的准备，遭到进攻后立即实施反击。而韩侂胄又用人不当，中路军统帅之一皇甫斌率军攻打唐州时被金军击溃，攻打蔡州时又大败于溱水，韩侂胄在慌乱中将他撤换；在北伐主战场上，两淮统帅邓友龙等也因兵败而被撤职。

不久，金军在东、中、西三个战场上对宋军发起反攻。宋军与金军正面接触后便由攻势转为守势，而后如退潮之水纷纷溃败，一发不可收拾。金军大举进攻，相继占领真州（今江苏省仪征市）、扬州，宋军的西路军事重镇和尚原与蜀川的门户大散关①也被金军攻占。

短短数月时间，原本信心十足的北伐便在丢盔卸甲、仓皇逃窜中落幕了。本已忧劳过度、抱病许久的辛弃疾，意识到自己毕生的梦想随着北伐战败彻底破碎了。他痛心疾首，在病榻上长呼"奈何，奈何"，近旁亲侍莫不落泪。

开禧二年十一月，韩侂胄试图通过四川宣抚副使吴曦在四川战场上挽回败局，但吴曦早已在四川暗通金兵，叛变称王。一时间，南宋内忧外患齐发，满朝文武人人自危。

自宋宁宗下达北伐诏书到金兵直捣长江北岸，不过短短六个月。半年的时间，南宋的局势更衰颓了。

---

① 和尚原、大散关均为古地名，是扼守川、陕交通的要地，位于今陕西省宝鸡市西南。

铅山病叟支离甚

　　被困于铅山的辛弃疾忧郁成疾，他曾经说"老合投闲，天教多事，检校长身十万松"，即便年老归闲，依然保持着猛兽般猎杀驰骋的本能。怎奈英雄才情总被雨打风吹去，运筹帷幄的机遇和年代，离他越来越远。此时的他除了目睹硝烟如何消散、大厦如何倾颓外，对战事已是有心无力。

　　开禧二年底，距离金兵入侵长江北岸已经过去了一个月。北伐失利、金兵入侵带来的举国沉痛正随凛冽刺骨的西北风吹遍南宋的每条街道，每家民舍、每个人的心头都弥漫着一股愁云。连日来，抱病的辛弃疾愈发觉得寒凉难敌。他又开始不分昼夜地喝酒，一来以酒暖身，再则借酒浇愁，为那些挥之不去的悲戚找到一个出口。

　　多日的宿醉让他的思绪又飘忽起来。突然，一声悠长的寒鸦悲啼划破铅山凝滞的寒气，使他内心积压的郁气瞬间升腾，病弱的身体竟变得灵活起来。他猛地挺身而起，挥手打翻酒杯，提笔蘸着桌上的洒酒，在墙上书写起来：

老去浑身无著处，天教只住山林。百年光景百年心。更欢须叹息，无病也呻吟。

试向浮瓜沉李处，清风散发披襟。莫嫌浅后更频斟。要他诗句好，须是酒杯深。

（辛弃疾《临江仙》）

一词作罢，满墙的酒香带着字里行间的清苦弥散开来。细细想来，辛弃疾就像坠入命运的轮回，始终无法摘下抗金复国志愿的金箍，也永远无法走上抗金杀敌的战场。在沧桑的岁月中，他曾收获知音、结交君子、施政造福一方，然而谁又能料到他的晚景竟如此悲怆凄凉！

当一切都慢慢归于沉寂，那颗饱受打击的心也渐渐接受了命运的安排时，朝廷又下发一纸调令，命辛弃疾出知江陵府，并到临安陈述对时局的看法。辛弃疾苦笑着，这突如其来的委任没有在他的心里荡起一丝涟漪，他平心静气地思考：朝廷想要听取他对时局的看法，是否意味着惨败后的朝廷开始反省彻悟，他的看法能引起朝廷的重视吗？

一瞬间，这个念头如一杯烈酒灌入心间，他的心又有力地活跃起来，一股久违的勃发之气在他的血液中涌动。不过，多年的坎坷经历又冷静地对他耳语：朝政大权依旧掌握在韩侂胄手中。

几经权衡，辛弃疾最终做出了选择，他想为自己尚未死透的心再争取一个机会和希望，也想让朝廷听到自己的忠言。江陵知府做与不做都不重要，但临安势必要去。

开禧二年岁末，辛弃疾动身前往临安。他向皇帝陈述的具体内容已无从得知，但这次召见后，他被留在京城，担任兵部侍郎。

宋代兵部并无太多兵权，侍郎也只是兵部副职，但辛弃疾早年曾渴望担任这个职务为国效命。未曾想，如今因"开禧北伐"失败，他才得到这个职务。很明显，朝廷的意图并非让他力挽狂澜，而是为了安抚愤怒的民众。

北伐一败涂地，金兵入侵，逆贼反叛。南渡后的南宋还从未面临如此惨烈的现状，韩侂胄作为主帅罪责难逃，企图假借议事之名让辛弃疾重新出山声援自己，同时在暗地里让辛弃疾替他分担一部分抗金失利的罪责。辛弃疾看穿了韩侂胄的意图，加上病痛缠身，已无力再出任实质性的职务。于是，他很坚决地上书力辞："侂胄岂能用稼轩以立功名者乎？稼轩岂肯依侂胄以求富贵者乎？"他还作词《瑞鹧鸪》，表明自己不愿出仕的心迹：

期思溪上日千回，樟木桥边酒数杯。人影不随流水去，醉颜重带少年来。

疏蝉响涩林逾静，冷蝶飞轻菊半开。不是长卿终慢世，只缘多病又非才。

（辛弃疾《瑞鹧鸪》）

本有杀敌报国的雄心壮志，如今只能在期思溪上徘徊，在樟木桥边借酒浇愁；时光流逝，年华不再，身边只有滞涩的一两声蝉鸣划破林间寂静，轻飞的冷蝶立在半开的菊花上，如此情境使辛弃疾备感落寞、苦闷和无聊。最后，他以司马相如自况，委婉地表达自己空有报国之能却不受重用的无奈和愤懑。"多病又非才"似怨责朝廷，非我有意傲世，只因生来多病又无才。以古人自况，自伤自叹，亦自嘲自愤。

当他平复了心绪，便转身离去，与他一同远走的还有他对这个王朝的最后一丝热情与期待。北伐战败后狼狈不堪的朝廷，慑于金国强大的兵力和入境压力，只得求和谈判。金国以胜利者的姿态提出了许多苛刻的条件，除了割地赔款外，还要求南宋将发动这场战争的主谋缚送金国。

南宋朝廷派萧山县丞方信孺作为谈判代表前往金国。方信孺不仅能言善辩，而且在金人面前威武不屈。金人将他投入监狱，断绝饮食，并以杀头相威胁，逼迫他答应金朝提出的割地赔款、缚送首谋等五个条件。方信孺临危不乱，表示向来没有缚送首谋的做法。金国将领威胁他说："你不想活着回去吗?"方信孺面不改色："我奉命出使时，已将生死置之度外。"最后，金人坚持不让步，将方信孺放回，并向朝廷通禀。

回国后，方信孺向韩侂胄汇报与金国谈判的结果，在汇报了割两淮、增岁币等四项条件后，他变得吞吞吐吐起来。韩侂胄很奇怪，便追问他是否有所隐瞒，方信孺只得如实相告："金人的最后一个条件是要太师的人头。"韩侂胄听后怒不可遏，将对金人的不满迁怒于方信孺，夺去其三级官阶，贬到临江军居住。

因为双方均不让步，谈判最后不了了之。韩侂胄只得硬着头皮与金人继续开战。他撤掉两淮宣抚使张岩的职务，任命赵淳为两淮置制使，负责镇守江、淮。之后，平定吴曦叛乱，淮南形势逐渐平稳，加上金国大将仆散揆病死军中，形势变得对南宋有利了。

英雄老矣，归去

开禧三年（1207年），宋金进入军事对峙局面。在这种形势下，朝廷中以礼部侍郎史弥远、杨皇后为首的主和派渐成势力。因为当年韩侂胄在宋宁宗选皇后时并不倾向杨皇后，所以杨皇后一直对此颇有微词，同时她也认为此次举全国之力北伐过于轻率。朝廷内外的主和势力联手后，通过说服皇子向宋宁宗进言："韩侂胄再启兵端，将危及社稷。"杨皇后也在一旁鼓动宋宁宗，但宋宁宗态度摇摆不定。杨皇后担心走漏风声，被大权在握的韩侂胄知道，后果不堪设想。于是，她与史弥远、参知政事钱象祖等人密谋，打算设法除掉韩侂胄。

同年十一月初三日，韩侂胄在上朝途中被殿帅夏震派出的将士挟持，于玉津园中丧命。韩侂胄被杀后，朝政大权被史弥远、钱象祖等主和派把持。史弥远派人将韩侂胄被杀的消息通知金国，并以此作为向金国求和的砝码。经过谈判，按照金国的要求，韩侂胄之首级被送往金国示众。韩侂胄死后，宋宁宗神色悲戚地对近臣说：

"恢复岂非美事，但不量力尔。"

这一年，六十八岁的辛弃疾在瓢泉边安详度日，偶尔读书写字、赋诗作词，俨然变成"不知有汉，无论魏晋"的世外翁。虽然酒酣之际，他心底仍会泛起陈年旧事，甚至抱有一线希望，但酒醒后，他便回到老来闲静的模样，将过往一一收好放回。

偶尔醉酒，他也忍不住自问半年前临安召对时拒绝朝廷的兵部侍郎一职。此举是他主动将此生最后一线希望拒之门外，这么做后悔吗？每逢此时，他都在心底对自己说，难过在所难免，但从未后悔。念及此，他提笔作词：

贤愚相去，算其间能几？差以毫厘缪千里。细思量义利，舜跖之分，孳孳者，等是鸡鸣而起。

味甘终易坏，岁晚还知，君子之交淡如水。一饷聚飞蚊，其响如雷，深自觉、昨非今是。美安乐窝中泰和汤，更剧饮，无过半醺而已。

（辛弃疾《洞仙歌·丁卯八月病中作》）

这首词作于辛弃疾逝世前一个月，是他最后一篇作品。辛弃疾在词中阐释了自己对贤愚、义利、君子之交与小人之交的看法，最后对晚年生活境界作出总评，这既是他自己对生命的省悟，更抒发了决不向政敌俯首的勇气及对自己生命价值的自信。

至九月，辛弃疾病入膏肓，连看书赋词的精力也没有了。多年的残酷现实早已把他的元气消耗殆尽，如今最后一点希望和慰藉也随风飘逝，他的生命之火慢慢黯淡下去。

纠缠日久的病痛和悲愤无望之心已经让辛弃疾不再奢望"柳暗花明"的出现，只想安宁沉静地等待离去。然而，就在他放下所有之时，朝廷又送来一纸诏书，任命他为枢密院都承旨。这是朝廷最高军事机构中的重要职务，以往由韩侂胄的亲信担任。想到之前朝廷委任他为兵部侍郎的别有用心、惺惺作态，他只觉得内心一阵翻涌，眼前一黑，竟昏厥过去。当他醒来时，隐约看见眼前有两个模糊的人影，似乎在对他说些什么，他努力去听，却听不清，索性闭上眼睛，不去看，也不听了。

开禧三年九月，躺在病床上沉睡的辛弃疾脸上浮现出许久未见的好气色，连眉宇间的沟壑也都舒展开来。想来他一定做了好梦，梦中的他或许看到北伐之前天下豪杰齐聚一堂，慷慨议事；看到自己一身戎装，纵马驰骋在朝思暮想的北伐战场上，率兵奋力厮杀；看到金兵溃不成军，缴械投降，归还中原故土……对辛弃疾来说，这个梦是多少药汤都比不了的，那壮烈荣光的雄威令他愿投入一生去追逐！

突然，辛弃疾猛地从床榻上起身，圆睁怒目，高声疾呼："杀贼！杀贼！杀贼！"说完后便仰倒在床上，与世长辞。这个一生梦想自己叱咤沙场、收复中原的英豪始终未能如愿，如今他走了，金戈铁马入梦随行。

嘉定元年（1208年），南宋与金国签订"嘉定和议"，其中"嗣后宋以侄事伯父礼事金"一条令无数志士含辱折腰。宋朝皇帝与金国皇帝的称谓由以前的"侄叔"变为"侄伯"，其羞辱比"隆兴和议"有过之而无不及。

据《宋史·辛弃疾传》记载，宋度宗咸淳年间，时任史馆校勘的爱国诗人谢枋得因事前往信州铅山县，在阳原山辛弃疾墓旁的寺庙中留宿。夜间，他听到佛堂上有厉声大喝之声，似在为自己鸣不平，从黄昏持续到半夜而不绝声。谢枋得秉烛为辛弃疾作祭文，早起以文祭之，仪式结束后，佛堂上夜间再无声息。宋恭帝德祐初年，谢枋得奏请朝廷加赠辛弃疾为少师，赠谥"忠敏"。

读辛词见肝胆

有人说，辛弃疾的词不是用笔写成，而是用刀和剑刻成。回首辛弃疾的一生，偶有"稻花香里说丰年，听取蛙声一片"的清欢，偶有"蓦然回首，那人却在灯火阑珊处"的柔情，但始终贯穿其中的是"醉里挑灯看剑"的豪气。他放不下"男儿到死心如铁，看试手，补天裂"的热血，放不下"把吴钩看了，栏杆拍遍"的不甘……一个有英雄追求、气度与才干的人，毕生在为国家呼号、为民族奔走、为理想坚守。在壮志难酬与英雄蹭蹬之间，他靠笔书情怀而被青史铭记。这是历史之憾，也是词坛之幸。

辛弃疾一生传世词作达六百二十余首，是宋代传世词作最多的词人。他在南渡前创作的诗词没有传世，南渡后的作品已经很成熟。确立他在南宋词坛地位的是在带湖时期的二百二十八首作品，这一时期是辛弃疾唱作的高峰期。他在这一阶段的词作，就数量而言，繁复多样；就形式而言，题材广泛；就风格而论，有的"清而丽，婉而妩媚"，有的"悲歌慷慨""奋发激越"。每当他有寓意高远的词作写成，很快便广泛传布，"脍炙于士林之口"，这也使他成为当时词坛的一面旗帜。

淳熙十五年（1188 年），辛弃疾的第一本词集《稼轩词甲集》由他的入室弟子范开编订印行。古人出书十分不易，虽然词作大多写在纸上，但词人往往是即兴创作，脱口而出，给收集和整理带来很大的困难。即便收集齐备，还需逐一校对、更正，按时间、内容等排序，最后誊抄、装订。宋代尽管已经出现了活字印刷，但这种印刷方式不仅工序烦琐，而且价格昂贵，一般人难以支付。

辛弃疾的词风延承苏轼一派，被称为豪放派。不过他并非有意学之，而是出于表达的需要自然流露。他的词往往融豪放与婉约于一炉，从而形成以豪放为基调，又不失婉约的独特风格。同为南宋豪放派词人的刘克庄曾在《辛稼轩集序》中评价："公所作，大声镗鞳，小声铿鍧，横绝六合，扫空万古，自有苍生以来所无。其秾纤绵密者，亦不在小晏（晏几道）、秦郎（秦观）之下。"

词，这种文体最初多歌咏闺怨闲愁、离殇艳情。到苏轼时，他下笔酣畅，不仅将政治、社会、军事等诗歌表现的严肃题材纳入词的范畴，还突破音律的束缚，在语言上突破形式主义的清规戒律，形成清新朴素、流利畅达、奔放豪迈的独特词风。辛弃疾在苏词的基础上，将词的艺术表现形式进一步发展，做到"以文入词"，甚至连乡俗俚语、语气助词、问答对话等也纷纷入词，如"些底事，误人哪。不成真个不思家"（《鹧鸪天》），"不知云者为雨，雨者云乎"（《汉宫春》），"昨夜松边醉倒，问松我醉何如。只疑松动要来扶，以手推松曰去！"（《西江月·遣兴》）等。南宋末年词人刘辰翁曾评价辛弃疾无一事不能入词，他说："自辛稼轩前，用一语如此者，必且掩口。及稼轩，横竖烂熳，乃如禅宗棒喝，头头皆是；又如悲笳万鼓，平生不平事并尼酒，但觉宾主酣畅，谈不暇顾。词至此亦足矣。"

辛弃疾的词作想象神奇，经常出人意料地将物拟人，如"杯汝来前，老子今朝，点检形骸。甚长年抱渴，咽如焦釜，于今喜睡，气似奔雷。汝说刘伶，古今达者，醉后何妨死便埋。浑如此，叹汝于知己，真少恩哉"。（《沁园春》）他把酒杯拟人化，通过与酒杯的对话抒发政治上的失意。他可以和带湖的鸥鹭结盟（《水调歌头·盟鸥》），也可以让白鹤前来探看自己的疾病（《六州歌头》）。其中使用这一手法最鲜明的要数《山鬼谣》：

两岩有石状怪甚，取《离骚》《九歌》，名曰《山鬼》，因赋《摸鱼儿》，改今名。

问何年，此山来此？西风落日无语。看君似是羲皇上，直作太初名汝。溪上路，算只有、红尘不到今犹古。一杯谁举？笑我醉呼君，崔嵬未起，山鸟覆杯去。

须记取，昨夜龙湫风雨。门前石浪掀舞。四更山鬼吹灯啸，惊倒世间儿女。依约处，还问我：清游杖履公良苦。神交心许。待万里携君，鞭笞鸾凤，诵我《远游》赋。

（辛弃疾《山鬼谣》）

刘乃昌先生在《辛弃疾集》中评价此词："通篇拟人手法，视怪石为知友。先赋其身世品第，来自上古，超然红尘，淳朴自然，古风不泯；次赋其超凡潜力，风雨腾飞，呼啸惊人；再写双方交流，怪石问询清游良苦，词人则拟携石为伴，遨游苍穹。人与石'神交心许'，频频相语，石与人交游的情景活灵活现。此词呈现了浓厚的浪漫主义风姿，也体现出词人退闲时喜爱山水、悠游自然的情怀。"

辛弃疾还善于运用比喻表达思想、反映现实，如《沁园春》：

灵山斋庵赋。时筑偃湖未成。

叠嶂西驰，万马回旋，众山欲东。正惊湍直下，跳珠倒溅；小桥横截，缺月初弓。老合投闲，天教多事，检校长身十万松。吾庐小，在龙蛇影外，风雨声中。

争先见面重重。看爽气朝来三数峰。似谢家子弟，衣冠磊落；相如庭户，车骑雍容。我觉其间，雄深雅健，如对文章太史公。新堤路，问偃湖何日，烟水漾漾。

（辛弃疾《沁园春》）

词的开头以西驰的万马来比喻灵山地区的重峦叠嶂，不但把静止的山写活了，而且奔驰起来。接着以跳珠比喻瀑布溅起的水珠，以新月比喻横架溪上的小桥，以龙蛇比喻曲干遒枝的老松树，以风雨声比喻松涛声，异常形象、生动，使人读时如临其境，如闻其声。

此外，辛弃疾作词还有一个显著特色，就是大量用典。他幼承家学，由祖父辛赞亲自带他拜师求学，涉猎书籍十分广博。除了幼年博闻强识的基础，在带湖闲居期间，他更是"驰骋百家，搜罗万象"，故胸中藏有万卷，作词时才能信手拈来经史百家的文句和掌故。

他用典的方式不拘一格，一种是在词中直接运用前人成句，如《满江红·建康史致道留守席上赋》下阕首句"佳丽地，文章伯"，上句直接用谢朓《入朝曲》中的"江南佳丽地"后三字，下句用杜甫《暮春陪李尚书、李中丞过郑监湖亭泛舟（得过字韵）》的"海内文章伯"后三字。又如《行香子》首句的"归去来兮"直接用陶渊明《归去来兮辞》的首句。这类句子虽然出自前人，但用在词作中非常贴切自然，与辛词浑然一体。另一种方法是化用前人的诗句和故事。如《满江红·赣州席上呈陈季陵太守》的"笑江州、司马太多情，青衫湿"化用唐代诗人白居易《琵琶行》的结句"座中泣下谁最多？江州司马青山湿"。这种处理方法能根据他的需要使许多故事浓缩入词。辛弃疾作词用典随意，有的词仅用一两个典故，有的词则通篇不见。可见，他用典是从实际需要出发，绝非为了用典而用典。

更难得的是，当别人视词为歌妓酌酒之料、管弦轻拨之戏时，他执笔为戟，以纸拓疆场，饱蘸血泪与豪情，将其毕生心意点滴揉进词中。因此，他的词作始终是壮健奋发、积极进取的，具有充沛鲜明的感染力和号召力，成为当时很多爱国文士咏物抒怀时争相模仿的榜样。

历史上真正能以诗词为剑，执剑行侠的文人墨客屈指可数。辛弃疾的词如一面明镜，世人可从中尽观其肝胆，他的直与屈、隐与仕既有智慧，更具风骨。辛弃疾无从选择自己所处的朝代，却用一生珍贵的光阴锻造了自己的奋发生涯。纵然他多半时间都在孱弱的时局中挣扎，不得靠岸，但谁又能否认他的遗憾恰恰成全了他的伟大呢？这些流传于世的词作，为他的人生照出旷迈而惊艳的背影。

"铁板铜琶，继东坡高唱大江东去；美芹悲黍，冀南宋莫随鸿雁南飞"，这是郭沫若在瞻仰辛弃疾的陵墓后所做出的评价，如今刻在铅山瓢泉瓜山后的阳原山辛弃疾墓前。有后世人云：稼轩者，人中之杰，词中之龙。此言得之。

附 录

辛弃疾大事年表

　　辛弃疾，原字坦夫，后改为幼安，中年后别号稼轩居士。生于绍兴十年（1140年），卒于开禧三年（1207年），享年六十八岁。现将他的生平经历与主要词作整理列表，供读者参考。

时间	事件经历	主要词作
1140 年 （绍兴十年）	辛弃疾出生，此时北宋汴京（今河南省开封市）已沦陷十四年，济南在金政权统治下已有十二年。	
1161 年 （绍兴三十一年）	夏秋间，金主完颜亮率兵马号称六十万，大举南侵。此时潼关以东、淮水以北的反金民间武装蜂起：大名地区王友直聚众十万，海州魏胜亦聚众十万；济南农民李铁枪等六七人起事，聚得几十人后占领莱芜、泰安二县，后发展部众二十五万据东平府（今山东省泰安市东平县），称"天平军节度使"，节制山东、河北的忠义军。王友直、魏胜等人皆与之建立联系。辛弃疾时年二十二岁，在济南南部山区组织两千余人举旗起义，并率部投奔耿京，被耿京委以"掌书记"之职。 　　辛弃疾说服僧人义端率众千人投靠耿京，但义端不久便阴谋叛变，夜盗耿京的天平军印信逃跑。辛弃疾向耿京求得三日期限，发誓亲自捉得义端。他估计义端必定前往金营邀功，即刻追赶，果然将义端拿获并当场斩首。此后深得耿京器重。 　　十一月底，完颜亮南侵至扬州被部下杀害，完颜雍（金世宗）自立为金主，与南宋议和，并劝诱义军投降，同时调集大军对反抗的义军各个击破。辛弃疾与耿京计议，决定南归。	

时间	事件经历	主要词作
1162年 （绍兴三十二年）	正月中旬，耿京令辛弃疾等经楚州（今江苏省淮安市）到建康会见南京将相大臣，为出巡建康的赵构（宋高宗）所召见。赵构正式任命耿京为"天平军节度使"；对辛弃疾等人亦有官衔加封。 　　山东义军中张安国贪图金人重赏，勾结耿京部下谋杀耿京后投降金人。辛弃疾北返途中闻知此事，马上约集统制王世隆和忠义军人马金福等，率五十余骑直驱济州，于五万人的军营中拿获正与金将酣饮作乐的张安国，将其缚至马上，当场号召耿京旧部上万人反正。之后，他们一路急驰渡过淮水，投归南宋，献俘行在，斩张安国于市。 　　辛弃疾解除武装，至江阴任签判，万余士兵被当作南下流民，散置淮南各州县中。 　　赵构传位赵昚（宋孝宗），赵昚受禅继任之初任用主战派张浚。	
1163年 （隆兴元年）	张浚北伐，因李显忠、邵宏渊二将不和，在符离（今安徽省宿州市）战败。朝中主和派再占上风，张浚被排挤出局，两淮战备尽撤。	《汉宫春·立春日》

时间	事件经历	主要词作
1164 年 （隆兴二年）	南宋与金国达成了屈辱的"隆兴和议"。辛弃疾撰写《美芹十论》，论述了审势、察情、观衅、自治、守淮、屯田、致勇、防微、久任、详战十个方面，确定守御两淮、窥视山东的策略。	
1165 年 （乾道元年）	辛弃疾将《美芹十论》上奏宋孝宗。朝臣极力反对，奏称山东未可用兵，未可北伐。《美芹十论》就此被搁置。	
1168 年 （乾道四年）	辛弃疾被派作建康府通判。	《水调歌头·寿赵漕介庵》《念奴娇·登建康赏心亭呈史留守致道》《满江红·建康史帅致道席上赋》《千秋岁·塞垣秋草》《满江红·题冷泉亭》
1170 年 （乾道六年）	宋孝宗在延和殿召见辛弃疾，辛弃疾"因论南北形势及三国晋汉人才，持论劲直，不为迎合"。当时刚确定讲和方针，他的评议无法施行。之后他被任命为司农寺主簿。此时虞允文任宰相，辛弃疾撰写《九议》，包括论用人、论长期作战、论敌我长短、论攻守、论阴谋、论虚张声势、论富国强兵、论迁都、论团结，呈送虞允文。	
1171 年 （乾道七年）	司农寺主簿。	《新荷叶·和赵德庄韵》

时间	事件经历	主要词作
1172年 （乾道八年）	春，辛弃疾被调派淮南滁州（今安徽省滁州市）任知州。滁州处两淮之间，为南北必争的军事要冲。隆兴元年（1163年）张浚北伐时，辛弃疾曾进《论阻江为险须藉两淮疏》《议练民兵守淮书》，《美芹十论》中亦有《守淮》篇。因滁州濒临淮水前线，缺乏安全保障，不少人认为辛弃疾调任滁州是大材小用，但他却认为这是独当一面、小试身手的机会。 　　滁州经历两次战祸后又连遭四年灾荒，人烟冷落，城市萧条，居民在瓦砾场上搭盖草棚栖身，逃荒者十之有六。辛弃疾到任后，招抚流亡、恢复生产，具体措施为宽征薄赋、招流散、教民兵、议屯田。是年夏，麦大熟，短短半年内，滁州面貌大为改观。	《感皇恩·滁州寿范倅》《木兰花慢·滁州送范倅》《声声慢·征埃成阵》
1173年 （乾道九年）	冬，迁任江东安抚司参议官，得到留守叶衡赏识。	
1174年 （淳熙元年）	早春二月，迁回建康。年底，新相叶衡向宋孝宗力荐辛弃疾"慷慨有大略"。宋孝宗下旨召见，迁辛弃疾为仓部郎官。	《菩萨蛮·赏心亭为叶丞相赋》《一剪梅·游蒋山呈叶丞相》《水龙吟·登建康赏心亭》

时间	事件经历	主要词作
1175 年 （淳熙二年）	湖北茶民、茶商不堪重负，群起反抗，以赖文政为首的"茶商军"虽仅四百余人，但从荆南向江西等进发，沿途多次打败官兵。六月，辛弃疾受命至江西任江南西路提点刑狱使，"节制诸军，讨捕茶寇"。他以劝诱招安为名，将赖文政拿获，解至江州处决。因捕寇有方，受赐"秘阁修撰"一职。	《青玉案·元夕》《摸鱼儿·观潮上叶丞相》《水调歌头·和王正之右司吴江观雪见寄》
1176 年 （淳熙三年）	秋八月，迁为京西路转运判官，赶赴襄阳。	《菩萨蛮·书江西造口壁》
1177 年 （淳熙四年）	正月，娶同僚吕正己之女为妾。不久，任江陵府兼荆湖北路安抚使。因与都统制官率逢原相互弹劾，年底又迁任江南西路安抚使兼隆兴知府。	《水调歌头·我饮不须劝》
1178 年 （淳熙五年）	到任江西仅三个月，又被召回朝中任大理寺少卿。同年秋，任荆湖北路转运副使，行前宋孝宗召见，勉其平盗保漕。	《西江月·千丈悬崖削翠》《鹧鸪天·聚散匆匆不偶然》《水调歌头·落日塞尘起》《破阵子·掷地刘郎玉斗》《破阵子·赠行》《念奴娇·书东流村壁》

时间	事件经历	主要词作
1179 年 （淳熙六年）	春，湖南一路强盗起，朝廷任命辛弃疾为湖南转运使，知潭州府（今湖南省长沙市）兼荆湖南路安抚使，剿灭湖南盗贼。 　　辛弃疾奏《论盗贼札子》，陈述"官逼民反"事实，为民请命，朝中震动。宋孝宗下令连同辛弃疾的奏章抄送各路帅守监司，妥议施行。 　　九月初，妻范玉及田、钱二姜，一双儿女，并仆从十余口赶到潭州。	《摸鱼儿·更能消几番风雨》《阮郎归·耒阳道中为张处父推官赋》
1180 年 （淳熙七年）	新年刚过，永、邵、郴、桂阳诸州县粮荒告急，辛弃疾撰紧急赈济奏章飞报朝廷，获准于湖南常平仓支米十万石，以工放赈。 　　夏报请创建飞虎军，定员一千五百人，以保地方安全。获准后，招兵买马、筹建营房，声势浩大。时秋雨连绵，所需二十万片瓦无法烧造，令长沙内外居民每户送瓦二十片，付价百文，两日瓦齐，僚属叹服。 　　论者以聚敛劾奏，宋孝宗降御前金字牌勒令停工，辛弃疾受金牌而藏之，出责监办者，限期一月飞虎营栅成，违坐军制。如期落成，开陈本末，绘图缴奏，宋孝宗释然。秋，军成，雄镇一方，为江上诸军之冠。 　　年底至次年新春，再调江西办理荒政，知隆兴府（今江西省南昌市）兼江西安抚使，加右文殿修撰。	《贺新郎·柳暗凌波路》

时间	事件经历	主要词作
	时江西大荒，辛弃疾差人于淮西买粮，贴出八字文告："闭粜者配，强籴者斩。"又令隆兴府尽出公家官钱、银器，召官吏、儒生、商贾、市民等精明强干者量借银物，负责到他省买进粮食，归来后官府如数收回本金，不取利息，一月后外粮陆续押回，江西米价自减。 　　信州知州谢源明乞米求助，幕属不愿施以援手，辛弃疾却说："均为赤子，皆王民也。"随即将三分之一的粮船派往信州。 　　辛弃疾私贩牛皮，插着"江西安抚"占牌的货船经星子县，为南康知军朱熹扣留没收。	
1181 年 (淳熙八年)	春初，于上饶郡城外买地兴建带湖新居，左边空地辟为田亩，高处筑室号"稼轩"。园中雕梁画栋，廊庑曲折，鱼池潋潋，花木扶疏，更有植杖亭、集山楼等诸多亭台。 　　年底，因谏官王蔺弹劾，被降为浙江西路提点刑狱，四天后又被削职为民。	《木兰花慢·席上呈张仲固帅兴元》《沁园春·带湖新居将成》

时间	事件经历	主要词作
1182 年（淳熙九年）到 1186 年（淳熙十三年）	闲居带湖。	《水调歌头·盟鸥》《水调歌头·汤朝美司谏见和，用韵为谢》《水龙吟·为韩南涧尚书甲辰岁寿》《鹧鸪天·鹅湖归，病起作》《丑奴儿·博山道中效李易安体》《清平乐·博山道中即事》《清平乐·村居》《清平乐·独宿博山王氏庵》《清平乐·检校山园书所见》《鹧鸪天·代人赋》《定风波·昨夜山公倒载归》《鹧鸪天·游鹅湖，醉书酒家壁》《西江月·夜行黄沙道中》《生查子·游雨岩》《丑奴儿·书博山道中壁》《贺新郎·把酒长亭说》《贺新郎·同父见和，再用韵答之》
1187 年（淳熙十四年）	十月，八十一岁的宋高宗赵构驾崩。诸臣议论辛弃疾有功绩，但难以驾驭，缓急之时可用此人。宋孝宗降旨给他一个"祠禄官"名号，主管武夷山冲佑观。	
1188 年（淳熙十五年）	初冬，陈亮从故乡永康至江西拜访辛弃疾，两人纵谈十日，这就是南宋词坛上著名的"鹅湖之会"。	
1189 年（淳熙十六年）	宋孝宗禅位于儿子赵惇，是为宋光宗。	

时间	事件经历	主要词作
1191年（绍熙二年）到1192年（绍熙三年）	起用辛弃疾为"提点福建路刑狱公事"，巡行福建所辖四州两军四十三县，按察案狱，裁定囚徒罪刑诸事务。 　　冬，兼代福建路安抚使，摄帅事仍兼提刑。 　　年底，回京面君。	《满江红·暮春》《浣溪沙·寿内子》《蝶恋花·戊申元日立春，席间作》《破阵子·为陈同甫赋壮词以寄之》《踏莎行·夜月楼台》《念奴娇·双陆，和陈仁和韵》
1193年（绍熙四年）	正月，宋光宗召见，调为太府寺少卿。 　　秋，下旨加为集英殿修撰，复任福建安抚使兼福州知州。	《浣溪沙·细听春山杜宇啼》《水调歌头·长恨复长恨》
1194年（绍熙五年）	厉行节约，省钱五十万贯，设"备安库"。又拟造铠甲万副，招募壮丁，建立武装。 　　七月，宋光宗以病退位，赵扩继位，是为宋宁宗。 　　同月，辛弃疾遭弹劾，被称"残酷贪饕，奸脏狼藉"，用钱如泥沙，杀人如草芥，且夕望端坐"闽王殿"。罢官后仅剩主管武夷山冲佑观虚职。	《最高楼·吾衰矣》

时间	事件经历	主要词作
1195 年 （庆元元年）	在铅山县东北与上饶邻接的期思渡旁的瓢泉新居建成。	
1196 年 （庆元二年）	春，带湖宅遭火灾，举家移居瓢泉，开始读经学佛。秋，被夺祠禄官俸禄。 受韩侂胄排挤，朱熹辞官，返武夷山研经著书。不久，赵汝愚亦罢相，降观文殿大学士，十一月被远放湖南永州，行至衡州暴疾而卒。	《沁园春·杯汝来前》
1197 年 （庆元三年）	铅山闲居。	《鹧鸪天·壮岁旌旗拥万夫》《新荷叶·物盛还衰》《贺新郎·甚矣吾衰矣》《贺新郎·绿树听鹈鴂》《水调歌头·我志在寥阔》《满江红·游清风峡，和赵晋臣敷文韵》《感皇恩·案上数编书》《喜迁莺·暑风凉月》《千年调·左手把青霓》《卜算子·千古李将军》《水龙吟·老来曾识渊明》
1198 年 （庆元四年）	三月，朝中降旨，恢复祠禄官。	
1199 年 （庆元五年）	铅山闲居。	
1200 年 （庆元六年）	三月初九，朱熹于武夷山考亭精舍病逝。当时朝廷将理学斥作伪学，极力打压，以致朱熹的门生故旧为自保而无吊唁、送葬者。辛弃疾亲往吊丧，填词《感皇恩》："一壑一丘，轻衫短帽，白发多时故人少。子云何在，应有玄经遗草。江河流日夜，何时了？"并作文悼念朱熹，其中有"所不朽者，垂万世名。孰谓公死，凛凛犹生"之句。	
1201（嘉泰元年）到 1202（嘉泰二年）	铅山闲居。	

时间	事件经历	主要词作
1203 年 （嘉泰三年）	朝廷起用辛弃疾为绍兴府知府兼两浙东路安抚使。 辛弃疾拜访陆游。	《汉宫春·会稽蓬莱阁怀古》《汉宫春·会稽秋风亭观雨》《汉宫春·答李兼善提举和章》
1204 年 （嘉泰四年）	春正月，辛弃疾奉诏赴临安面君前，陆游以长诗《送辛幼安殿撰造朝》赠辛弃疾。 辛弃疾赴临安，受宋宁宗召见。被加封为宝谟阁待制，提举佑神观，奉朝请。 辛弃疾与韩侂胄会见，讨论国是。 三月，宋宁宗赐辛弃疾金带，诏令其为镇江知府，镇守军事要塞。辛弃疾预制军服万套，计划募壮丁万名，训练军队以备渡淮击敌。 五月，下诏追封岳飞为鄂王。	《南乡子·登京口北固亭有怀》《瑞鹧鸪·京口有怀山中古人》
1205 年 （开禧元年）	出使金国回朝的官员称金国此时困弱，王师出动势若拉朽。韩侂胄闻之，鼓动宋宁宗北伐。辛弃疾连连上书劝韩侂胄暂缓用兵，最后一书甚至直指韩侂胄误国。韩党劾奏辛弃疾为官谬举，辛弃疾降两官，调往隆兴；不久又为谏官弹劾，以"好色贪财，淫刑聚敛"为罪名被革职。辛弃疾悻然返回铅山。	《永遇乐·京口北固亭怀古》《瑞鹧鸪·江头日日打头风》《玉楼春·江头一带斜阳树》《瑞鹧鸪·期思溪上日千回》

时间	事件经历	主要词作
1206 年 （开禧二年）	春三月，韩侂胄奏请朝廷起用辛弃疾为浙东安抚史，辛弃疾知此时兴兵必败，力辞召命。 　　四月十九日，朝廷下诏追论秦桧主和误国之罪，削夺其王爵，改谥"谬丑"。 　　五月，韩侂胄以宋宁宗亲诏下令北伐。不足一月全线溃败；入秋，战事吃紧，江淮危在旦夕。 　　朝廷降旨征辛弃疾为江陵知府，加龙图阁待制，不许辞免，即刻赴临安面君。辛弃疾面君上疏，抨击韩侂胄贪功误国，并以年迈不堪重任乞辞。宋宁宗留辛弃疾于朝中，任兵部侍郎。后辛弃疾一再上表辞归，半年后回铅山养病。	
1207 年 （开禧三年）	夏，宋军难以支撑，与金讲和，金以索取韩侂胄之首级为议和条件之一。 　　秋九月，韩侂胄鼓动宋宁宗下旨任辛弃疾为枢密院都承旨。圣旨到铅山之日，辛弃疾已病体沉重，卧床不起。初十日，辛弃疾怀志以殁。赐对衣、金带，守龙图阁待制致仕，特赠四官。	《洞仙歌·丁卯八月病中作》